La mujer incierta

Piedad Bonnett

La mujer incierta

Título: *La mujer incierta*
Primera edición: agosto de 2024
© 2024, Piedad Bonnett

© 2024, de la presente edición en castellano para todo el mundo:
Penguin Random House Grupo Editorial, S. A. S.
Carrera 7 # 75-51, piso 7, Bogotá, D. C., Colombia
PBX (57-601) 7430700

© Diseño: Penguin Random House Grupo Editorial, inspirado en un diseño original de Enric Satué
Fotografía de cubierta: © Archivo personal de la autora

Impreso en Colombia-*Printed in Colombia*

ISBN: 978-628-7659-74-2

Compuesto en caracteres Adobe Garamond Pro

Impreso en Panamericana Formas e Impresos S.A.

A mis padres
A Miranda Lupel
A Carmen y Julia Iragorri

*Lo importante no es lo que hacemos de nosotros,
sino lo que hacemos nosotros mismos con lo que
hicieron de nosotros.*

JEAN-PAUL SARTRE

*Aunque mucha gente cree que al escribir uno se
desnuda, en realidad uno se disfraza.*

MARGARITA GARCÍA ROBAYO

¿Cómo fue realmente?

JEAN AMÉRY

No hay vidas de película.

JACQUELINE GOLDBERG

Índice

Al lector

Este libro nació cuando el desconcierto general frente a la pandemia me llevó a reflexionar sobre mi propia relación con la enfermedad y la muerte. Como en todo libro de fondo autobiográfico, la escritura fue un camino de *re-conocimiento*, una inmersión en la memoria que me permitió revisar mi propia vida e ir llegando a otros temas. Pero lo que el lector encontrará en estas páginas no son unas memorias, pues en forma deliberada he dejado muchos aspectos de mi vida en la sombra. Lo subjetivo, lo íntimo, sólo me interesan en el marco de la experiencia colectiva, del yo dentro de la circunstancia social e histórica. La que aquí habla, pues, es una mujer de una generación, que aspira a iluminar, desde la singularidad de sus vivencias, cómo nos determinan el origen, la política, la educación, la religión, el género, el momento. Y que se pregunta por el papel de la libertad, el azar y el destino en cualquier vida.

Del alma
(que es el cuerpo)

Tápate

Le pregunto a mi amiga si se acuerda de en qué momento le empezó a crecer el vello púbico. Suelta una risita, ladea la cabeza todavía sonriendo y hace silencio durante unos segundos. No, no tiene la menor idea.

Yo tampoco. Y no se trata de simple desmemoria, porque, en cambio, tenemos claro el momento en que nos crecieron los senos. Yo debía tener once años, y me veo en el bañito debajo de la escalera, el que llamábamos «de emergencia», levantándome la blusa para constatar aquel milagro. También recuerdo llevarme un poco de mi propia orina a los labios, con la yema de los dedos, sentir en la lengua su sabor salado y amargo.

Mi cuerpo era un total misterio para mí.

Ni siquiera podía nombrar ciertas partes con alguna precisión. Ni en la casa ni en el colegio se hablaba de senos o de tetas. Dos palabras con las que no logro reconciliarme: *senos* me sigue pareciendo lejana, falsa, impropia. *Tetas*, de una fealdad inaceptable. Ni *vagina*, ni mucho menos *clítoris* eran palabras que estuvieran en mi vocabulario. *Busto* era lo que decíamos cuando nos atrevíamos a nombrar esa parte del cuerpo en transformación. Helen, una compañera esbelta, cuya belleza envidiábamos, opinó que yo tenía un busto muy bonito. Recibí encantada aquel elogio inusitado, porque jamás habría imaginado que ese adjetivo pudiera aplicarse a esa parte de mi cuerpo. Ni de ningún cuerpo.

Unos años antes, tendría nueve o diez, había copiado de alguna parte un desnudo, una mujer sentada sobre sus piernas con unas flores en las manos. Orgullosa de mi logro corrí a mostrárselo a mi madre, que en vez de alabar mis destrezas me señaló que no debía pintar cosas «como esas». Así que empecé a buscarlas. Por el camino encontré varias. La primera fue la lámina de una mujer con un niño prendido al pecho, en un folleto sobre la lactancia que escondí entre mis libros para llevarlo al colegio, con el ánimo de sembrar el desconcierto entre mis compañeras. En el recreo, tres o cuatro juntamos nuestras cabezas sobre aquella imagen perturbadora, cuya visión nos dejó inquietas y asustadas. Mucho más tarde, ya en plena adolescencia, iba a descubrir otras: los pubis de *Playboy* y los dibujos explícitos sobre sexo de un libro de estampas japonesas. Y la escena descrita por Henry Miller en *Trópico de Cáncer*, brutal y casi imposible para la desinformada que todavía era yo a los quince años: un hombre masturbándose con una manzana a la que le ha abierto un agujero.

De todos modos, y a pesar de la pacata reconvención de mi madre, encuentro que el pudor es bello en su contención y su misterio. En su discreta elegancia.

* * *

La vergüenza es un sentimiento insoportable, porque a veces se confunde con la humillación y otras nos acerca al precipicio del ridículo. Hay una forma de la vergüenza que a mí me resulta especialmente insoportable y que siempre es *a posteriori*: la que nace de la consciencia de haber desnudado, inútilmente, nuestras fragilidades, de haber expuesto nuestras miserias a alguien que no lo merecía. Pero hay otras vergüenzas que nos son impuestas por el medio en que nos hemos criado. ¿Por qué nos abochorna nombrar ciertos órganos? Leo que hay pacientes que mueren por no nombrar el lugar donde les duele. Y hay enfermedades que nos avergüenzan. Al viejo, la incontinencia urinaria. Al hombre, la disfunción eréctil. A la mujer, la vaginitis.

Avergüenza hablar de flujos, de malos olores, de sudor excesivo, de hemorroides. De todo aquello que evidencia nuestra parte animal. De lo que se hace en total intimidad: defecar, orinar, expeler, tener sexo. (A mi cabeza ha venido una imagen que nace de alguna lectura: la de los fugitivos del fascismo que partieron de Marsella hacia la Martinica hacinados en el «Capitaine Paul Lemerle», entre los que se contaban Victor Serge, André Breton y Claude Lévi-Strauss, con sus culos al aire desde la borda, porque no tenían otra opción a la hora de defecar. Lo que eso significaba para su dignidad, la forma en que esa humillación diaria acentuaba su desdicha).

Tengo una amiga que sufre de dolores insoportables. Se los produce un nervio sensitivo que casi nadie ha oído nombrar, el pudendo, que, si entiendo bien, va del clítoris al ano, y afecta todos los órganos alojados en la zona pélvica: la vejiga, la vagina, el recto, los genitales externos. *Pudendo*, según la RAE, quiere decir feo, torpe, que avergüenza. Viene del latín *pudendum*, que significa que produce pudor, que debe taparse. Y también significa órganos sexuales femeninos. Hoy *pudendo* es un nombre médico para vulva.

En *The New York Times* hay un exquisito artículo que se detiene en cómo *pudendo* supone, desde su origen, que los genitales de la mujer —no los de los hombres, bellamente expuestos en la estatuaria griega— son vergonzosos; y, por tanto, en el carácter sexista del término. Allison Draper, una estudiante norteamericana que se interesó en el tema, señala que *pudendo* «es el único término anatómico que tiene un contexto moral».

* * *

Es curioso que Courbet haya titulado *El origen del mundo* su hermosísima pintura de un desnudo sin rostro, donde el primer plano es el de una vagina cerrada, coronada por un vello profuso. Todo en ese cuerpo rebosa salud, naturalidad, juventud. Y aunque la imagen es hiperreal, no hay en ella el artificio que encierra el sexo del porno: ese que Baudrillard afirma que es contrario a la seducción. Aunque hay en ese primer plano una sensualidad que roza el erotismo, Courbet, tal vez temeroso de la reacción del público —que, en efecto, se escandalizó al ver el cuadro—, sublimó su pintura con el título, que apunta no al goce, sino al poder del cuerpo femenino de «dar a luz».

* * *

En el largo dormitorio hay dos filas enfrentadas de catres vacíos, tendidos con sus colchas blancas, tirantes, idénticas. Cada día, antes de que amanezca, la monja de turno revisa que no haya ni una arruga: lo que se espera es que si se arroja una moneda sobre la cama, esta rebote. Sin embargo, hoy hay una cama revuelta. Son las dos de la tarde y en ella está una adolescente de catorce años recién cumplidos con la vagina en llamas. Alguien le ha dicho que se eche polvos de talco para aplacar el ardor, y ella lo ha hecho, con fe ciega, sin entender qué puede estar pasando allí abajo, donde uno nunca se toca, donde nunca nadie la ha tocado.

¿Qué disculpa habrá sacado para que la dejen ir a acostarse a media tarde? Porque ella es incapaz de decirle a la directora de grupo que *ahí* le pica, le rasca, como si tuviera un nido de hormigas. Tampoco le escribirá a su madre *mamá, me arde cuando orino, me quema, me duele*, porque sentiría vergüenza de hablar de una enfermedad *ahí*, ni tampoco *tengo ganas de volver y abrazarte*, porque en su casa no se habla de sentimientos y el amor jamás se ha expresado con abrazos. Con cuidados, sí. Con ropa bonita, limpia y planchada. Con chocolate caliente a la llegada del colegio, tostadas que huelen desde que ella y sus hermanos pisan la puerta y gritan *mamá*, sólo para oír su voz, para saber que está en casa, como siempre, y que la vida sigue sin perturbaciones.

Cuando hoy, tantos años después, le pregunto a mi hermana por qué cree que me enviaron a ese lugar, ella me dice que las monjas españolas que me expulsaron les dijeron a mis padres que yo necesitaba un cambio. La verdad es que me consideraban mala. Mi propia hermana, de apenas trece años, me consideraba mala, y así me lo hacía saber. Esa palabra, dicha o imaginada, me envolvía como un líquido viscoso que olía horrible, que me avergonzaba. Yo era una niña mala. «Un mal elemento». «Una mala compañía». ¿Cómo no iba a ser mala si siempre estaba rodeada de muchachos, adolescentes toscos con caras marcadas por el acné, con los que patinaba, con los que me escapaba a los parques, con los que coqueteaba sentada en los muros de los antejardines de las casas de ladrillo de mi barrio, de los que ellos huían espantados cuando llegaba mi padre, que nos tenía prohibido «tener amigos»?

Hay imágenes de nosotros mismos que, en retrospectiva, no soportamos. Aquellas en que nos vemos haciendo el ridículo o en condición de inferioridad. Cartas de amor que deberíamos haber roto. Aquiescencias. Ruegos. Aquel vestido inapropiado. Una situación vergonzosa. Duré años para dejar de odiar la idea de mí misma que aquellas monjas me transmitieron. Yo era una niña estridente. Pecaminosa. Ahora que lo pienso, lo que sucedía era que todos los que me rodeaban tenían miedo de verme caminar en un umbral del que yo era inocente.

Me haces daño

Desde los doce yo me preguntaba por qué los adultos nos prohibían a las niñas «meternos» con hombres. Hombres, por demás, que estaban todavía a medio hacer, en plena adolescencia, una etapa donde cunden las desproporciones.

El primero que me gustó se llamaba Jose, así, sin til-de; era chaparro y musculoso, de piel bronceada y pelo cenizo, los ojos enterrados y vivos, dos rayas luminosas, y un hoyuelo en la barbilla, como Tyrone Power, un actor de mi álbum de monas. Tenía catorce años, pero algo ha-bía en él que remedaba una masculinidad adulta, tal vez su espalda poderosa, su modo de andar de vaquero del Oeste, su rudeza. Hace poco vi su nombre en un aviso que invitaba a sus exequias y lo recordé sin una pizca de cariño. Yo tenía trece y una curiosidad enorme sobre el amor, que cultivaba leyendo las novelitas de Corín Tella-do. «Me haces daño» era una de las frases preferidas de sus heroínas.

Con Jose supe, por primera vez, que el amor —aun-que ese no era amor sino deseo del amor— nos pone irre-mediablemente en condición de dependencia. Que el amor nos descerebra, nos hace profundamente vulnera-bles, y nos condena a salir heridos. Con Jose también supe por primera vez de la violencia masculina.

En la oscuridad de un cine, en matinal, como se le decía a la función de las once de la mañana, viendo pelí-culas de espanto que pasaban los inconscientes curas de la parroquia del Divino Salvador, Jose me enseñó que se po-día besar con lengua. La suya era áspera y un poco brutal, y no estoy segura de que me gustara, pero sí disfrutaba el hecho de estar haciendo algo que me sacaba abruptamen-te de la ingenuidad de la infancia y me arrojaba de forma definitiva a la edad adulta. Si aquello era pecar yo pecaba con mucho agrado, siempre y cuando mi hermana, que se hacía la de la vista gorda, no me delatara. Ya llevaba varios domingos experimentando los sobresaltos de mi descubri-miento, cuando a la oscuridad de la sala se le sumó otra oscuridad, la de mi mente desconcertada que se negaba a creer lo que acababa de suceder. Jose, que me tenía agarra-da la mano como siempre, la colocó de repente sobre su braqueta, de la que sobresalía algo duro y húmedo que me

24

asqueó. Retiré la mano suavemente, sin atreverme siquiera a un gesto brusco, mientras me preguntaba —me pregunto— si aquello fue real o producto de mi imaginación.

«Tú estás loca» es algo que solemos oír las mujeres de boca de los hombres.

Tú estás loca, afirmaba alguna vez un novio que negaba que se estaba apercollando con una mujer en mis narices.

Yo no he dicho eso. Tú estás loca.

Y una frase que una vez oí, incrédula: si yo no lo oí fue que no lo dijiste.

Poco después Jose me dejó por una chica de ascendencia italiana que se veía mucho mayor que yo. Antes de irse me dejó bien claro que ella le parecía más bonita, y más que el golpe a mi vanidad, que, por supuesto, encajé mal, fue la innecesaria crueldad de su declaración la que me sanó de golpe. Tiempo después me encontré con su madre, que me contó, en un ataque de sinceridad, que después de que en un acceso de furia Jose rompió a patadas la puerta de su casa, lo habían enviado a un internado.

* * *

El primer pene que vi en mi vida fue el de mi hermanito, diez años menor que yo. Un colgajo inofensivo, blancuzco y flácido, que no despertaba mi interés. Lo que tuvimos que ver en cambio mi hermana y yo cuando íbamos para el colegio, casi de madrugada, y un hombre abrió su abrigo a unos pocos metros de nosotras, nada tenía que ver con el pene de mi hermanito. Era un instrumento de acero, un arma que echaba fuego por una boca encendida como una brasa, una amenaza desconocida que hizo que nos abriéramos en la acera para dejarlo pasar, aturdidas y temblorosas.

* * *

Son dos niñas pequeñas, de ocho y nueve años. La una lleva un pantalón amarillo oro, la otra uno vinotinto, de textura ligera. Van para su casa después de jugar en el parque cuando un hombre se les acerca y les dice que si le ayudan a buscar una dirección les dará ¿dinero?, ¿golosinas? Las dos niñas se sienten abrumadas y halagadas por esta petición: les han enseñado a ser amables y solidarias; le ayudarán a ese señor a encontrar lo que busca, aunque en realidad ninguna de las dos sabe de direcciones. Empiezan a caminar detrás de él y dan una vuelta a la manzana pasando por un lugar en construcción. Como algo en esa solicitud les resulta inquietante, la hermana menor se agacha, agarra una piedra y la lleva empuñada en la mano. Qué podría pasarles, no saben, pero la intuición empieza a ocasionarles malestar. Lo siguen en silencio, sin embargo. Una cuadra, otra. Ahí está, al fin, la dirección, dice el hombre frente a la puerta de un edificio, y les pide que suban con él para darles la recompensa. La niña mayor, la del pantalón vinotinto, dice que ella no sube, que espera abajo, pero la más pequeña se pliega y sigue dócilmente al hombre.

Allí, en la acera, los minutos empiezan a parecer horas. ¿Y si pido auxilio? ¿Y si grito? ¿Y si es un hombre bueno? ¿Y si es malo? Así lo recuerdo. Así me veo, desde las nebulosas de la memoria que ahora me ha concedido unos detalles que había olvidado. De pronto oigo un tropel en las escaleras y veo a mi hermana bajando con cara de terror. Las dos corremos, de la mano, hasta nuestra casa, que está a menos de dos cuadras. Antes de entrar le pregunto a mi hermana qué pasó.

Nada.

Hasta el día de hoy. Nada.

En aquel momento guardamos un silencio cómplice, sin siquiera ponernos de acuerdo, porque la culpa nos atormentaba. No hablen con extraños, era la recomendación que habíamos infringido. Hoy me pregunto cuántas víctimas caerían en la misma red de aquel hombre.

* * *

En 2016 otras dos chicas, Marina Menegazzo, de veintiún años, y María José Coni, de veintidós, argentinas que estaban de paseo en Montañita, conocieron a dos hombres en un bar de la playa. En las fotos veo a Marina, una chica rubia, de cara llenita, al lado de María José, que es alta y delgada, de piel canela y lentes. Aparecen siempre sonrientes, con esa alegría desenfadada de las vacaciones que se quiere transmitir a los que están lejos, los padres, los amigos. A los hombres del bar ellas les contaron que les habían robado todo en el hostal donde se alojaban, y que pretendían ir a Guayaquil haciendo autostop y de allí tomar un vuelo a Chile y otro de Chile a Mendoza, la ciudad donde vivían. Lo demás lo sabemos por Ponce M., uno de los dos acompañantes de las jóvenes, que las llevó a su casa en la provincia de Santa Elena. Según su relato, estaba borracho e intentó violar a María José, pero para dominarla le dio un golpe con un madero en la cabeza, que resultó mortal. En su versión, poco después vio que el Rojo, su compinche, estaba apuñalando a Marina sobre una cama. Luego las llevaron en una carretilla y las depositaron en un lugar apartado, donde fueron encontradas dos días después. Estos son los retazos de una historia llena de baches que nos duele imaginar. Y contar. El 6 de mayo se reveló el estudio toxicológico de los cuerpos: las jóvenes fueron drogadas con benzodiacepina, una droga psiquiátrica, tal vez en el bar mismo. María José tenía lesiones genitales que se dieron cuando se resistió al abuso. Marina tenía seis lesiones cortopunzantes desde la mandíbula hasta el sector cervical. Por las laceraciones en sus muñecas se sabe que fueron maniatadas.

* * *

La psiquiatra Marie-France Hirigoyen escribió:

«Por una parte se educa a las niñas para que esperen al príncipe azul, y por otra se las previene contra todos los hombres. Una vez convertidas en mujeres, no han aprendido a confiar en sus sensaciones ni a filtrar los verdaderos peligros».

* * *

Muchos años después de haber infringido con mi hermana el mandato materno de no hablar con extraños, a los dieciséis, tuve la osadía de salir de noche a un parque cercano en busca de un teléfono público porque el de la casa de mis padres estaba dañado. Vivía entonces en un barrio periférico todavía a medio habitar, lleno de terrenos baldíos y de construcciones que se demoraban meses en convertirse en casas enormes, como la mía. Al regresar, y antes de cruzar la avenida, vi venir en sentido contrario a un hombre por la calle desierta y, como nos pasa siempre a las mujeres en circunstancias similares, sentí que me tensaba, que mi cuerpo prendía las alertas, que el sistema límbico de mi cerebro se activaba, dispuesto a defenderse del zarpazo. Cuando estaba ya cerca, nuestras miradas se cruzaron: la mía para medir el peligro, la de él para intimidarme. Y entonces, al bajar los ojos, vi su enorme aparato erecto, a la vez oscuro y luminoso; hice como que no lo había visto, sin embargo, y aceleré el paso, con la respiración agitada pero sin atreverme a correr y mucho menos a gritar. Siempre había oído decir que los exhibicionistas son cobardes, que no atacan a sus víctimas, y por eso seguí de largo todavía unos metros sin mirar hacia atrás, hasta que calculé que el agresor estaba ya lejos. Y entonces, como la mujer de Lot, movida por la curiosidad pero también por el miedo, volví la cabeza: el hombre estaba atravesando de nuevo la avenida y corría hacia mí. No sé cómo llegué hasta la casa más cercana, que estaba todavía a media cuadra, subí a zancadas la escalera y me pegué al

28

timbre con una mano mientras con la otra daba golpes en la puerta de madera, que se abrió en pocos segundos. Allí adentro había una cena de extranjeros que me socorrieron y me escoltaron hasta la burbuja protectora de mi hogar.

Ya para entonces tenía clarísimo que los hombres podían ser peligrosos.

* * *

Rebecca Solnit es una estadounidense que ha escrito varios libros sobre el arte de caminar y sobre grandes caminantes de la historia. Ella misma es una caminante entusiasta. En su libro *Recuerdos de mi inexistencia* escribe sobre las muchas veces que se sintió en peligro en el barrio popular donde vivió después de abandonar la casa de sus padres. Del estremecimiento aterrador que le ocasionaron los pasos de un hombre en la calle desierta cuando comprendió que la seguía mientras regresaba de la casa de una amiga a altas horas de la noche. «La amenaza de violencia se aloja en la mente. El miedo y la tensión habitan el cuerpo. Los agresores consiguen que pensemos en ellos; han invadido nuestros pensamientos». Son palabras de Solnit, que escribe también: «... más tarde diría en broma que evitar que me violaran fue el pensamiento más absorbente de mi juventud».

Que te violen, que te roben, que te dopen, que te acuchillen. Esos son los terrores permanentes de muchas de las mujeres de la ciudad donde vivo. A ninguna se le ocurriría decir, en esos momentos, lo que decían las protagonistas de Corín Tellado, entre coquetas y asustadas, cuando sus parejas las apretaban de más entre sus brazos: «Me haces daño».

* * *

Corín Tellado, por cierto, fue un pilar fundamental en mi educación sentimental, en la que también intervinieron los poemas de Bécquer, las revistas del corazón, y la música que oía pegando la oreja a la radiola de la sala, Elvis, Paul Anka, los Beatles, Enrique Guzmán; la misma radiola en la que a los doce oía la radionovela de las cinco, la que oía todo el país, paralizado de emoción y suspenso. Leo un fragmento de una novela de Corín, de esas que se publicaban —¿por entregas?— en las últimas páginas de la revista *Vanidades*: *Isabel amaba a Paul y esperaba ser muy feliz a su lado; pero un día él desapareció de su vida sin darle una explicación.* Así saboreábamos a esa edad la idea del amor: a cucharadas repletas de miel, de lugares comunes, de diálogos melodramáticos. Esos que escribía a velocidades increíbles la «hija adoptiva de Gijón», la que tuvo un mal matrimonio y nunca un amor como los que gozaba describiendo, una novela en dos días, la escritora más leída después de Cervantes según la Unesco, autora también de novelas eróticas que yo no leí nunca porque me bastaba con soñar el amor romántico, donde los protagonistas apenas si se rozaban las manos o los labios, como en *María*, de Isaacs. Porque el cuerpo era pecaminoso, porque debíamos ser puras, como las santas que habían preferido morir a que les hicieran *eso*, algo sucio pero que en realidad no sabíamos qué era.

La poesía también hizo su tarea en mi educación sentimental. En las páginas en blanco de un cuaderno de pastas duras que le sustraje a mi padre, donde él había escrito cada tanto con su letra pulcrísima *Diagramas vectores, Cómo calcular la inductancia en las bobinas tipo solenoide, Fórmulas para averiguar voltios, amperios, watts*, yo escribía poemas de otros, de Darío, de Silva, de Ismael Enrique Arciniegas, *Quieres que hablemos, está bien, empieza, habla a mi corazón como otros días*. Poemas que repiten la palabra *Dios*, la palabra *muerte*, la palabra *amor*. Y también escribía los míos, y hacía listas de los «libros leídos» —*El príncipe y el mendigo, Ivanhoe, Cumbres borrascosas*— como quien acumula méritos, y de amigos «inolvidables», que a los diecisiete ya había olvidado. (Hoy, en la última página de una libreta, y porque soy de las que tiende a olvidar las ofensas, tengo una lista que he titulado «Indeseables»).

Los adultos no nos hablaban de amor, pero en los recreos, en corrillos, mis compañeras y yo comentábamos cuáles eran las reglas que nos garantizarían el éxito en caso de enamorarnos. Hacernos las difíciles. Y no llamarlos jamás. Ellos siempre deben tomar la iniciativa, son los que eligen, sentenciaba alguna cuya hermana mayor la había aleccionado. A la hora de bailar, de invitar, de pagar, de besar. ¿Y de qué más? Nos reíamos, dándonos suaves codazos, bajábamos la voz cuando se trataba de chismear de una de las grandes del colegio que había quedado embarazada, la habían perjudicado, así se decía, o de los volteados, como llamaban a esos raros a los que les gustaban los hombres, o de las exitosas, que salían no con uno sino con varios, a las que ellos mismos tildarían después de putas. No se hacen respetar, decían las monjas cuando veían a una de las alumnas mayores despedirse de beso de su novio, mientras las pequeñas atesorábamos ese momento fugaz que ya deseábamos para nosotras, que en el fondo queríamos ser como las fáciles. Un año más tarde, ya con *soutien*, ya con menstruaciones que nos hacían sentir mujeres por fin, esos besos insulsos imaginarios iban a dar paso a los otros, a los que nos hacían dar cosquillas allá abajo, y ganas desaforadas de pecar que reprimíamos porque sabíamos, aunque sólo a medias, de sus consecuencias, que, como decían las mamás, serían para toda la vida.

Hambre

Nada en el internado me pertenecía. Estaba rodeada de estudiantes que provenían de mundos muy ajenos. Había una chica de unos diez años cuyos padres y hermanos eran sordomudos. Ella no lo era, y por eso la habían enviado a un lugar «normal» que le permitiría desarrollar su lenguaje. Había también unas hermanas guajiras morenas, altísimas, aéreas como un par de palmeras. Una bogotana pálida, con un acusado prognatismo mandibular y maneras de duquesa. Dos venezolanas de origen húngaro, de ojos muy azules. Yo iba de una a otra, como una mariposa inconstante, buscando compañía y reconocimiento. Y, mientras tanto, engordaba.

Comer fue la forma que encontré de llenar un agujero sin fondo, el de la desazón, la inquietud, la extrañeza. Trato de recordar el comedor del internado y sólo veo un espacio penumbroso rematado por unas celosías estrechas. Un lugar desagradable, con un olor rancio a sobras, a madera húmeda y a trapo mojado. En las mesas, delante de cada puesto, el vaso de leche y el bocadillo eran una promesa de felicidad a la que sólo se llegaba después de haber tragado íntegra la ración de carne y carbohidratos. Yo no tenía problema. Masticaba aquella comida burda, grasosa, buscando en ella alguna redención. En el recreo compraba en la tienda del colegio todo lo que me permitía mi exigua mesada: unos embutidos de carne de cerdo llenos de nitro llamados génovas, pasteles salados y dulces, y unas paletas llenas de anilina a las que les decían pocicles. Antes de dormirme comía caramelos a escondidas, cuando apagaban la luz. Compulsión y culpa. Cuando miro las fotos de aquel tiempo veo una mujer en transición, ni niña ni adulta, con una naricita que salva de la fealdad su rostro lleno de pecas, redondo de atiborrarse de comida.

Comer para combatir la tristeza, la ansiedad, el desasosiego. No comer por hambre sino por deseo y para paliar la insatisfacción. Todavía hoy, cuando me aflijo, cuando me enojo, cuando paro de escribir porque me invade la sensación de fracaso, mi mente revolotea en busca de esa pequeña delicia con la que me voy a recompensar. El chocolate derritiéndose en mi lengua. La masa grumosa de un dulce turco. Algo «tirudo», por la sola sensación de sentir lo que se estira entre mis dientes. «Gordas en fase de engordar, por comer de puro aburrimiento», escribe en una novela Katya Adaui: o para reparar el hambre de los tiempos de pobreza, o porque a veces es el único cuidado que podemos darnos, o, simplemente, para odiarnos mejor.

* * *

En la casa de mis padres, en los tiempos difíciles, cuando nos mudamos a Bogotá y tuvimos que apretarnos el cinturón, mi mamá siempre supo ingeniárselas para que no hubiera escasez. «Aquí la comida —decía mi hermano—, lo mismo que la materia, ni se crea ni se destruye, sólo se transforma». Botar comida era pecado. Cuando rechazábamos lo que quedaba en el plato, nos hacían pensar en los niños que morían de hambre, hasta garantizar que con cada bocado tragábamos algo de consciencia social y mucha culpa.

Como madre primeriza, la mía se había esforzado todo lo que pudo en hacer de su bebé una niña sana. Recuerdo platos de tinta de fríjol ligeramente azucarada, vasos de leche rebosantes de crema, papillas embutidas con amoroso empecinamiento. En las fotos de mi primera infancia veo los estragos de esa alimentación esmerada: soy una niña horrible, obesa y feliz.

Cuando tuve mi primera hija, a los veinte años, fui presa del desconcierto. ¿Cómo se cría un hijo? No tenía ni la menor idea, porque mi madre no nos había educado para el matrimonio, como casi todas las madres de la época. Aun así, yo me había casado en medio de mi carrera, impulsada por un enamoramiento loco del que era mi novio desde los dieciséis años, por el romanticismo y la rebeldía que envidiaba en los hippies, por el deseo de huir del control de un padre que me asfixiaba con sus horarios implacables y sus cuidados excesivos y por un embarazo inesperado que acepté como un factor definitorio de mi destino. Ahora estaba experimentando en carne propia que «las consecuencias son para toda la vida». No sabía qué hacer cuando mi bebé lloraba incansablemente. Después de haberlo ensayado todo, desde mecerla y cantarle hasta dejarla en su cuna, salir huyendo y taparme los oídos al borde del llanto, recurría siempre al mismo recurso desesperado: darle leche de mi pecho inflamado, adolorido, siempre fecundo. En ocasiones, aquella niñita se negaba a agarrar mi pezón maltratado y persistía en su llanto. De vez en cuando, chupaba y se quedaba dormida. Pero muchas veces, ya ahíta, vomitaba intempestivamente, empapándome de leche tibia. Era la señal de mi fracaso, mi incomprensión, mi impotencia. De que en mi mente seguía viva, como en la adolescencia, la idea de que hay que comer para sobrellevar el desamparo.

* * *

Después de clases, en el internado nos encerraban en un salón inmenso, donde debíamos hacer las tareas en perfecto silencio. En la puerta nos custodiaba una monja anciana, de rostro verdoso, que cabeceaba durante las dos horas. Muchas veces pedí permiso para salir, acosada por las náuseas. Iba corriendo hasta la enfermería, y allí el recurso de la monja que hacía las veces de enfermera era darme a oler un algodón empapado en alcohol y friccionarme con él las sienes y la frente. ¿Cómo expresar el sentimiento insoportable que me envolvía en aquellos momentos? ¿La sensación enloquecida de estar atrapada en aquel cuerpo, en aquel cuarto, en el insufrible universo? Cada vez que se me atraviesa el olor a alcohol vuelvo a sentir náuseas, ansiedad, angustia, y una rabia remota, que no sé bien dónde posar. Cuando sentía que empezaba a crecerme un agujero negro en la boca del estómago, corría al baño como quien se dirige a la burbuja de oxígeno que va a salvarlo de la asfixia. Allí el ritual era siempre el mismo: me arrodillaba frente a la boca del inodoro y trataba de vomitar, pero como no lo lograba, metía mi dedo índice hasta el fondo de la garganta. Una y otra vez. Nada. Me levantaba con los ojos llorosos, me echaba agua en la cara y volvía al salón de estudio con un nudo en las tripas.

No. No era bulimia. Era la forma en que se manifestaba mi ansiedad. Cuando tienes angustia te vuelves sólo cuerpo, un cuerpo que tiene miedo de sí mismo. Toda mi adolescencia la pasé corriendo al baño con náuseas intempestivas. Mientras estaba interna, algún médico dictaminó que mis dolores abdominales y mis náuseas eran una somatización del dolor emocional y, contrariando la voluntad de mi padre, que creía que los psicólogos y psiquiatras no servían para nada, terminé sentada en el consultorio de un psiquiatra de apellido Buenahora, un hombre viejo y enorme, con un bigotico hitleriano, que me acogió con benevolencia. De su boca oí por primera vez el término *melancolía*. Ya para entonces yo había asumido que era rara, distinta. Y explotaba el hecho de que me vieran como un bicho extraño. Con insoportable arrogancia, me dije que eso me hacía pertenecer a un club exclusivo, a una élite de la sensibilidad, aunque teniendo claro que el precio iba a ser, para siempre, el sufrimiento. De todos modos, como estaba expiando una culpa, aquella por la que había sido expulsada de mi imperfecto paraíso familiar, yo me sometía, como las santas de los libros, a pequeñas mortificaciones diarias. Y para saber qué tan buena estaba siendo, o qué tan mala, repasaba una larga lista de virtudes que traía al final un libro del padre Astete y ponía crucecitas en aquellas que estaba logrando. Si me moría, al menos había intentado ser buena.

Mi acudiente, la esposa de un tío tiránico que a todos nos producía pánico, me llevaba a las consultas. Era una mujer frágil, temblorosa, que sufría la violencia de su marido, y que, ya que jamás habría podido ir a una cita psicológica sin su permiso, aprovechaba los escasos momentos en que veía a mi médico para soltarle sus preguntas angustiadas. Fue ella la que un día me dijo, bajando la voz, que en la ciudad donde vivíamos, calurosa y húmeda, lo correcto era que me afeitara piernas y axilas. Nunca he tenido mucho vello, y por tanto no he padecido como tantas mujeres los sufrimientos de la depilación, pero era evidente que yo no veía lo que ella sí, y por eso mismo recibí aquella admonición con asombro, pero también con vergüenza. Como un mensaje de que me faltaba refinamiento.

(Avergüénzate de las axilas peludas, de las piernas peludas, del vello que afelpa tus brazos y del que se escapa por los bordes del calzón; de la mancha que delata que eres mujer y menstrúas; de las tetas muy grandes o muy pequeñas; de las piernas cortas, de las caderas anchas, del pelo muy fino, del pelo muy grueso; de estar gorda. No eres como se espera, no estás haciendo bien la tarea, esfuérzate).

$* * *$

Me diagnosticaron gastritis como producto de la ansiedad, y aconsejaron para mi recuperación reposo y dieta blanda. Duré acostada en un cuarto de la casa de mi acudiente, comiendo gelatina, compotas, purés, durante un tiempo que hoy me resulta vaporoso, que pudo ser de una semana o de varias. En aquella burbuja silenciosa recuperé algo de serenidad. Hurgando entre los libros de una biblioteca precaria, encontré a Bécquer, y lo leí con fervor y repetidamente hasta memorizarlo, mientras oía música francesa en un único acetato de la mañana a la noche. Fue una cura temporal, y una constatación de que pertenezco a la estirpe de los que aman la quietud. Regresé al colegio con un aura de mártir que exploté con premeditación, y me dediqué a expiar mis pecados escribiendo poemas. La directora rompía las cartas que enviaba a mis padres —y que debía entregar antes para su supervisión— y me obligaba a escribir otras donde pintara una realidad más feliz.

Para sentir que el tiempo era leve y estaba a mi favor, empecé a contabilizarlo en menstruaciones: me faltan seis, cinco, cuatro, para regresar a casa. (Hace poco leí que, según un estudio de Rizor y Babenko, una mujer tiene aproximadamente cuatrocientas cincuenta menstruaciones durante su vida).

* * *

Antes de terminar el año empecé a sentir nostalgia de aquel lugar que iba a abandonar para siempre, donde había purgado mis faltas bañándome con agua helada. Y es que allí no había sido desdichada, como podría creerse. Es más, había sido feliz. Había sabido defenderme de las humillaciones de sor Concepción, mi directora de curso, una monja joven y malvada que tenía hoyuelos profundos en las mejillas. Y había sorteado las adversidades del encierro de otras maneras: con gestos de rebeldía que me ganaron cierta popularidad; tratando de complacer a las monjas con la forma en que doblaba milimétricamente mis camisas; con un proceso de introspección que me llevó a hablarle a Dios en la capilla —y a pedirle perdón por ser tan mala—; y, de manera contradictoria, fascinada con eso que llamaban bohemia, una palabra nueva en mi vocabulario, escribiendo mis primeros poemas *en serio*, en los que hablaba de lugares oscuros, llenos de hombres y humo y mujeres desparpajadas que debían ser putas.

Volví a la casa paterna limpia, purificada, liviana. En olor de santidad. Pero algo había cambiado para siempre. Hasta que me echaron del colegio, yo había sido una persona extrovertida, desinhibida, con capacidad transgresora. Al regresar del internado, parte de mi fuerza original había sido aplastada por el castigo. O así me veo desde aquí: como alguien que introyectó la culpa de un pecado desconocido, y que trataba de ahogar el malestar que seguía vivo bajo capas y capas de «buen comportamiento».

Durante mucho tiempo aquella estancia en el internado fue tan sólo una anécdota, algo sin mayor significación en mi vida. Veinte años después, sin embargo, en mi silla de paciente, empecé a rememorar aquellos días frente a una psicóloga, y antes de que pudiera darme cuenta se apoderó de mí un llanto convulsivo, arrollador, imparable, en el que reconocí el daño secreto de aquel abandono. Todavía lloraba cuando me subí a mi carro para dirigirme a la universidad donde trabajaba, y las lágrimas siguieron brotando sin contención durante todo el camino, entregada a la autocompasión que hasta entonces no me había permitido.

En la casa de los locos

El viernes 22 de noviembre de 1963, a mediodía, yo estaba en un hospital psiquiátrico, en «una clínica de reposo», como la llamaban, con un eufemismo que pretendía dulcificar los dolores y los horrores que allí se vivían. Recuerdo con exactitud el corredor donde estaba parada con un pequeño grupo de personas cuando nos llegó la noticia: acababan de asesinar a John Fitzgerald Kennedy, en lo que para nosotros era un sitio remoto, Dallas, Texas. Hasta yo, que tenía doce años largos, me conmocioné con esa noticia. Sabía perfectamente quién era Kennedy y quién era Jackie, una pareja mítica que era conocida en el mundo entero. Recuerdo ese instante, como se recuerdan siempre el lugar y la hora donde estábamos cuando se nos informa de un evento traumático o aterrador. En mi caso: en mi altillo, a las tres de la tarde, cuando murió Pablo Escobar; en mi oficina de la universidad, a las ocho de la mañana, cuando mi hija mayor me anunció que la mafia había hecho explotar el avión de Avianca donde su novio se desempeñaba como copiloto; vistiéndome para irme a dictar mis clases cuando me llamaron para que viera las imágenes de la destrucción de las Torres Gemelas; en mi comedor, después del almuerzo, unos minutos antes de las dos de la tarde, cuando esa misma hija me avisó que su hermano Daniel, el menor de mis hijos, acababa de morir.

En aquel hospital tuve mis primeros contactos con la enfermedad mental. Mis hermanos y yo fuimos muchas veces allí durante la adolescencia, a visitar a una de mis tías, una monja divertida que trabajaba allá como enfermera, y que por lo visto jamás supuso que lo que veíamos podía impresionarnos. Por el contrario. Con esa ligereza propia de los que están familiarizados con la desdicha ajena, nos paseaba sin remilgo alguno por los más diversos escenarios. Con ella podíamos entrar a los espacios vedados del pabellón donde vivían las pocas monjas que trabajaban allí, pero también recorrer los espacios de la clínica, que nos parecían enormes, y que tenían jardines bellísimos, en los que siempre había, misteriosamente, un jardinero en sus tareas. Todo en ese lugar era agradable, salvo la imagen perturbadora de los enfermos mentales deambulando por los pasillos, muchos de ellos entumecidos y con la mirada extraviada por los efectos de la droga psiquiátrica. Para todos ellos su estancia allá era vergonzante, y se vivía como un secreto.

Eran pacientes que, según su nivel social, gozaban de más o menos privilegios. En los cuartos individuales, con todos los servicios, vivían los más pudientes, cuyas familias pagaban cifras altas. Y en un enorme dormitorio, con unos pocos baños, los que venían pagados por el seguro social. Lo mismo que hoy. Pero no recuerdo que hubiera división de los pacientes en razón de sus enfermedades: convivían todos, los que tenían esquizofrenia con los ansiosos, los deprimidos, los alcohólicos. Sólo en un sitio aparte, que nos estaba vedado, estaban encerrados los que podían ser peligrosos. Algunos cuartos tenían las paredes acolchadas, para protegerlos de los golpes autoinfligidos, y en ocasiones pudimos ver, como quien asiste a un espectáculo, cómo los enfermeros se entrenaban en karate y otras artes marciales, con las que podían defenderse de posibles ataques. No recuerdo que me dieran miedo, pero sí que despertaban en mí una curiosidad infinita. Quería saberlo todo. La enfermedad mental me parecía novelesca, romántica, misteriosa. Aquella tía mía, con tremendo desparpajo, nos contaba las historias de algunos pacientes, sin reparar en que muchas eran tenebrosas. O al menos impactantes, como la del señor Valdiri, un hombre de una familia rica que había dilapidado su fortuna porque era un ludópata; o la de los soldados, que estaban alojados en la parte más remota —y menos cómoda— y que sufrían de paranoia y se despertaban gritando en medio de batallas imaginarias. Pero también supe de los que se ahorcaban, generalmente de madrugada, porque esa es la hora de las ansiedades más grandes, cuando se sale de los sueños dopados y se toma consciencia de que la vida es eso, una zozobra diaria, una cárcel donde uno mismo es el carcelero, un pasadizo oscuro por donde se camina tambaleando sin saber si al otro lado nos espera el sol reconfortante de la mañana o el abismo.

* * *

Yo sufrí de ansiedad desde que era una niña, pero fue en la adolescencia cuando comencé a relacionarla con una posible enfermedad mental. Ahora, ya vieja, sé que, a menos que resulte incapacitante, no lo es. Un psicólogo me explicó hace muy poco que se trata de un «temperamento», una manera de ser de muchos seres humanos, que tiene que ver con cierta configuración del cerebro; según él la sufren sobre todo personas altamente sensibles, con imaginación creadora y tendencias evasivas, es decir, que odian hacer las cosas que les cuestan trabajo o las mortifican —como hacer ejercicio, ir al dentista, al banco o a sacar un pasaporte—, y, que, por el contrario, disfrutan apasionadamente lo que saben hacer. Para describirnos,

Rosa Montero, que es, como yo, de la familia de los ansiosos, nos recuerda en ese libro espléndido titulado *El peligro de estar cuerda* cómo nos llamaba Proust: «La lamentable y magnífica familia de los nerviosos». Y para consolarnos, cita las palabras del escritor francés: «Todo lo que conocemos que es grande proviene de los nerviosos». Ay, Rosa, maravilloso. Si no fuera por lo que padecemos.

Mi temperamento ansioso se agudizó con la entrada a la adolescencia, antes de que me enviaran al internado. Por más esfuerzos que hago no logro reconstruir lo que sentía por ese entonces. Náuseas, creo que sí. Sensación de miedo. Deseos de no asumir ciertas cosas. Pero, paradójicamente, en vez de un replegamiento del mundo, lo que desarrollé fue una rebeldía desafiante que me empujaba al mundo mismo. Era una rebeldía alegre, desprovista de agresividad, que me llevaba básicamente a transgredir las imposiciones que me impedían gozar de la libertad que deseaba. Me bajaba del bus escolar en paraderos distintos al mío para estar con mis amigas preferidas. Me escapaba a patinar con mis vecinos más allá de donde me estaba permitido. Improvisaba fiestas en mi casa cuando salían mis papás. Y sólo me concentraba en las materias que me gustaban, que eran Lenguaje, Geografía e Historia. Todas las demás me importaban un bledo, y empecé a perderlas una tras otra. En fin: en un lapso muy corto me convertí en una adolescente inmanejable —una niña «alzada», decía mi madre— que comenzaba a dudar de todo lo que había creído hasta entonces, y en la que hervía ya un rechazo profundo por el autoritarismo.

El día en que mi abuelo paterno cumplía un año de haber muerto, estaba previsto que se celebrara con una misa a la que iban mis padres, pero no nosotros, los niños, a los que nos mantenían muy alejados de los rituales de la muerte. Fue a partir de esa información que yo decidí secretamente que al día siguiente no iría al colegio. Y así fue. Mis hermanos se fueron muy temprano a tomar su bus, y yo me quedé durmiendo, tapada hasta la cabeza, hasta que una fuerza ciclónica me despertó con violencia. Era mi papá, que me increpaba, mientras yo balbucía la mentira —o tal vez la verdad, porque la mía era una enfermedad del alma— de que me había sentido sin fuerzas para ir a estudiar. En su cara, lo tengo clarísimo, se reflejaban, mezclados, el dolor de su duelo, que seguramente se había exacerbado en la misa de aniversario, y la ira santa por mi insubordinación oportunista. Creo saber que ese fue el punto de inflexión que me condenó al exilio que se hizo realidad apenas unos pocos meses después.

El internado amansó mi rebeldía, pero no logró hacerme recuperar la serenidad que yo, antes que nadie, habría querido. A mi regreso, devastada por la sensación aterradora del desasosiego perpetuo, decidí consultar, por segunda vez en mi vida, a un especialista. Mi tía, la monja enfermera, me recomendó a un médico de la misma clínica, un hombre de prestigio de apellido extranjero, que en la primera consulta me preguntó algo que me dejó estupefacta: ¿Ha tenido relaciones sexuales con animales? Lo juro. Esa fue la alegre pregunta que me hizo el reputado psiquiatra. No tengo idea de lo que contesté, concentrada en asociar dos elementos que nunca había relacionado. Sobra decir que yo era virgen, lo digo sin jactancia. Y que salí de allí tan confundida y molesta, que me rendí a la idea de que estaba sola con aquel mal insoportable, que empezaba a parecerme una amenaza de locura.

Respira

A los quince los médicos me encontraron una úlcera duodenal.

Para descubrirla me estiraron en una camilla en un consultorio médico ubicado en una casa antigua y hermosa, de paredes de piedra, en una zona elegante de Bogotá. Como no se usaba anestesia para ese procedimiento, una enfermera se encargaba de mantener firme mi cabeza, doblada de medio lado, y mi mamá me sostenía las muñecas para que en un momento de desesperación no me arrancara la sonda por donde extraerían el líquido; la sonda color hueso que fue entrando poco a poco por mi boca, bajando por mi esófago, con movimientos oscilantes que yo iba registrando con horror, los ojos cerrados, respire, respire, hasta llegar al estómago, donde sólo había ácidos y moco y oscuridad y miedo. Ese estómago que nunca, nunca, ha estado bien, y que ahora era lastimado por ese cuerpo extraño que me producía náuseas y me sacaba lágrimas que empapaban el paño que recogía la saliva que se escurría por la comisura de mi boca entreabierta, mientras mi mente gritaba a ninguna parte *mamá, por favor, por favor, mamá, no más.*

Respire profundo, respire, respire.

* * *

Tengo treinta y dos años, y un niño de pocos meses de nacido. Cuando mi cuerpo se ha recuperado ya de ese, mi tercer parto, que esta vez ha sido, sumergida en el agua tibia de la tina que ha acondicionado la clínica, plácido como despertar con una caricia, sufro un pequeño golpe vaginal con el sillín de la bicicleta. Un accidente estúpido. A la mañana siguiente amanezco con un hematoma del tamaño de una pelota de *ping-pong*, que al mediodía ya es tan grande que no me permite cerrar las piernas. En la consulta, mi ginecólogo dice que debe operar de urgencia, que nos vemos en la clínica en unas pocas horas. Dos o tres pruebas, y me anuncian que en unos minutos van a ponerme anestesia general. No es la primera vez que me operan, pero esta vez la sola idea de hundirme en la inconsciencia, de la que puedo no volver, me desata un llanto irracional. Y es que tengo un recién nacido, usted sabe, doctor, usted, que lo recibió en el agua, que entiende el terror que tiene toda madre de dejar a sus niños huérfanos. Me explican. Me tranquilizan. Pero yo me aferro al mundo de la luz, de lo tangible, con obstinación inconmovible. No. No quiero ni por un momento perder la consciencia de la realidad; no quiero descender a una oscuridad que me aterra ahora que mi vida se debe a mi hijo.

Mientras me arreglan con fingida amabilidad, las enfermeras me advierten que con sólo anestesia local este trance será duro. Pero yo persisto. Me amarran los brazos a la cabecera y las piernas, abiertísimas, a los reposapiés de la camilla; y me ponen un sedante que no anule mi consciencia. Esta vez no hay madre a mi lado que me acompañe y me dé valor. En la luna metálica suspendida sobre la cabeza del médico puedo ver sus movimientos. Alguien ha puesto música. ¿Música en un quirófano? Pues sí, música, pequeñas bromas, comentarios sobre la cotidianidad. ¿Será así cuando hay riesgo elevado de muerte? ¿Mientras hacen una autopsia? Entonces veo el bisturí, siento levemente su caricia, el metal se llena de una sangre irreal. El cirujano da indicaciones puntuales, firmes. El tiempo pasa, lentísimo. Una eficacia discreta, sin alardes, campea en aquella sala, mientras me duele cada músculo del cuerpo, apaleado por el cansancio.

Respira, Piedad, respira.

* * *

Doce años antes había parido a mi primera hija, también sin anestesia. Yo tenía veinte años y mi marido veintiuno. Dos estudiantes universitarios que seguíamos recibiendo ayuda de nuestros padres para terminar la universidad pero que más allá de nuestra mesada no teníamos ni un peso. Durante todo el embarazo mi padre pagó el ginecólogo al que acudía desde la pubertad, el mismo médico de mi madre, pero a la hora del parto tuve que acudir a la sección de la clínica David Restrepo destinada a la gente de menos recursos, y confiarme al médico que estuviera de turno. Imagino que fue la manera de castigar que tuviera un embarazo en medio de mi carrera universitaria.

Se llega a un primer parto con ilusión y con miedo, y también con curiosidad. Con la mente inevitablemente anclada al presente, al dolor que se anuncia en la parte baja de la espalda, debajo de la cintura, y se extiende hacia la parte delantera con la intermitencia rítmica de otros dolores, los de cualquier órgano inflamado que palpita; pero también con la imaginación proyectada hacia el futuro, a la experiencia desconocida, emocionante y aterradora de la maternidad, que nos cambiará la vida para siempre. Sin embargo, cuando las contracciones arrecian, las mujeres, a las que siempre nos han catalogado como el «sexo débil», sólo podemos pensar en el instante, en los huesos de la pelvis —sacro, coxis, ilión, nombres hermosos— que se abren casi crujiendo, en la sensación de estarse partiendo en dos, en la necesidad de escapar de ese dolor violento, cruel, inhumano. Para liberarse de él sólo sabemos que tenemos que expulsar ese cuerpo que viene abriéndose paso con su cráneo de treinta y cinco centímetros, así que pujamos, una y otra vez, pujamos desesperadamente siguiendo las órdenes de la enfermera, y sólo tomamos aliento para llorar, para quejarnos, para volver a tomar fuerzas porque no podemos rendirnos.

Respire. Respire. Respire.

En aquel lugar de muchos cubículos un montón de mujeres jadeábamos al tiempo, lanzábamos gritos, sin avergonzarnos de que nuestros llantos fueran estentóreos, ruidosos. Otra cosa habría sido —como después fue— si esa sección de la clínica hubiera sido para mujeres que podían pagar. La violencia obstétrica a menudo no es sino una forma de discriminación. Pero también de indolencia, de insensibilidad. Sólo recibí anestesia cuando decidieron hacerme una episiotomía, que es una incisión con bisturí en el perineo, el área entre la vagina y el ano, para agrandar la abertura vaginal antes de que esta sufra un desgarramiento. (La naturaleza, pensé entonces, no es tan sabia como dicen, pero parece ser que todo tiene que ver con la evolución, esa que nos llevó a erguirnos, a caminar como hoy lo hacemos, y a reconfigurarnos como especie).

Toda la presión dolorosa se disolvió de pronto, con un ruido de bomba que se desinfla.

Qué es.

Era la pregunta que hacíamos las mujeres en los tiempos en que no podíamos conocer de antemano el género de nuestros hijos.

Una niña.

¿Y está bien?

Eso es lo que una madre pregunta siempre.

Después de haber parido con un dolor que nunca se olvida, me sumergí en la inconsciencia inducida por la lidocaína, y tuve el sueño más bello que haya tenido nunca: del infinito, que se abría sobre mi cabeza como una oscuridad sin bordes, se desprendía un hilo de luz que bajaba a toda velocidad, con un silbido cósmico y haciendo espirales, hasta donde yo yacía, inerte. Dentro del sueño yo comprendía que mi pequeña hija había descendido así, hecha partícula luminosa, de una nada capaz de engendrar vida.

Las náuseas me hicieron abrir los ojos. Una enfermera sostenía mi cabeza para que pudiera vomitar de manera menos incómoda. Desde la puerta el joven padre de mi hija me miraba con una sonrisa ansiosa, agradecido, tal vez, de saber que los hombres no paren.

* * *

Miro el reloj. Son las dos de la mañana. Trato de ubicarme con la extrañeza que nos acompaña cuando todavía no hemos cortado las amarras del sueño, pero me cuesta reconocer dónde estoy. Siento que estoy empapada, mis pies y mis manos están helados, no dejo de temblar. Me estoy muriendo. Sí. Me estoy muriendo. Y estoy sola, en una casa ajena, inmensa, con muchos patios y habitaciones, una casa antigua, señorial, que ha sido dejada por sus dueños paralizada en el tiempo, con sus amplios ventanales tapados por gruesos tablones de madera y los muebles cubiertos por sábanas blancas para protegerlos del polvo y del salitre, porque muy cerca de aquí está el mar, convertido en una masa oscura a esta hora, en un rumor, en una metáfora de la eternidad. Recuerdo: aquí me dejaron los poetas de Santa Marta después del recital en la Quinta de San Pedro Alejandrino, porque no tenían cómo pagar un hotel. Aquí estarás cómoda. Si necesitas agua, abres el registro. Brrrrrrr. Así suena porque hace mucho no se abre. Y este es el aire acondicionado. Sí, suena muy fuerte, como un avión de esos antiguos, pero todavía funciona. En alguna parte de la casa debe estar durmiendo una empleada que debe hacerme el desayuno. Pero son las dos y yo estoy temblando de qué modo, tal vez con un infarto, porque ahora las náuseas me enloquecen, y corro al baño y vomito o trato de vomitar, ya no lo sé, sin saber qué hacer, porque, querido lector, todavía en aquellos tiempos no había teléfonos móviles, y el teléfono de mesa negro, antiquísimo, tiene roto el disco donde aparecen los números, y aunque suena, no hay manera de marcar. Tengo cuarenta años o más, pero he vuelto a ser la niña de seis que se ponía el abriguito y las pantuflas en la madrugada para ir a buscar a sus papás a la iglesia, berreando, anegada en llanto.

Pero aquí no vale llorar. Respira, me digo, respira, volviendo a entrar debajo de las sábanas. No puedo estar acostada, sin embargo, porque me asfixio. Así que me incorporo, me concentro, respiro, vuelvo al baño, temblando, y ahora soy la adolescente de catorce años que en el internado se mete los dedos en la garganta hasta lograr que salga un líquido escaso, amarillento, ácido, la concreción del miedo. Porque, lo supe mucho después, lo que tuve fue un ataque de pánico, cuando mi cerebro, que había registrado al entrar los muebles tapados con sábanas blancas, los tablones oscureciendo los ventanales, el abandono, me despertó para recordarme que estaba prácticamente sola en aquella casa enorme, ajena, fantasmal. A las cinco de la mañana me venció el sueño.

A las ocho desperté, exhausta, pero pensando que había vencido la pesadilla. Y empecé a recorrer la casa, buscando a la persona que debía estar acompañándome. Dije su nombre, el nombre que me habían indicado, muchas veces, pero sólo me respondía el eco en las estancias de techos altísimos y en la sala y el comedor que, a través de las claraboyas, dejaban ver ya el sol espléndido de la costa caribe. Una intuición certera, de esas que me han acompañado toda la vida, me llevó hasta la puerta de tamaño palaciego, y traté de abrirla, pero no lo logré. Entonces me acerqué a la mirilla y vi el candado, contundente, sin apelación. Me habían dejado encerrada.

A la una llegaron, con cierto alboroto, mis anfitriones, entre los que se contaba la hija de los dueños de la casa. Después de la rabia, el estupor, la ansiedad, pude respirar el aire caliente del mediodía con su olor a mar, a alcantarilla, a fritura. Pero ya en mi cabeza una cuerdita se había roto. Después de eso, y durante diez años, en cualquier hotel del mundo, había un día en que a las dos de la mañana mi cerebro se prendía agitado por el ataque de pánico.

Respira, Piedad, me repetí mil veces, respira para no morirte.

* * *

«La relación entre cuerpo y Yo es quizá el complejo más misterioso de nuestra existencia —escribe Jean Améry—. En la cotidianidad no somos conscientes de nuestro cuerpo. [...] El cuerpo está encerrado en un

Yo que a su vez está fuera, en otro lugar, en el espacio del mundo, donde uno se convierte en nada (se *néantise*) para realizar su proyecto. *Somos* nuestro cuerpo: no lo *poseemos*».

Xanax

Los que no han tenido nunca episodios de esta naturaleza, o sea la mayoría de los seres humanos, se imaginan que un ataque de pánico consiste en un terror paranoico que lleva a la víctima a gritar desaforadamente mientras se pega a las paredes o quiere huir por un balcón, como si tuviera *delirium tremens.* No. Simplemente, de un momento a otro, el que los padece comienza a sentir que algo «raro» le está sucediendo. Algo que no tarda en relacionar con la llegada de la muerte, porque el corazón se acelera de tal modo que le falta la respiración, siente helados sus manos y sus pies y empieza a temblar y a castañear los dientes como si tuviera fiebre. Es una experiencia íntima, intransferible, de la que no quiere dar cuenta a otros porque no hay evidencia de que eso signifique estar muriendo. Lo que ha sucedido —pero a la persona no le basta con saberlo— es que la amígdala cerebral se ha activado ante una señal de peligro, que todo su cuerpo ha entrado en alerta, como el de los animales ante la inminencia de un ataque que pone en peligro su vida, y que la sangre se va de sus extremidades para permitirles correr o reaccionar. Sólo que en los humanos a veces el enemigo está adentro, no afuera. Es miedo a algo intangible, o miedo al miedo. Vendrán la hipotermia, las náuseas, el vómito, la debilidad, la confusión, y —eso dicen los manuales— el síncope, si el ataque dura más de una hora.

Una vez me duró tres, pero aquí estoy, escribiendo y libre ya casi totalmente de esos ataques. En esa ocasión llegué tarde en la noche a un hotel en Ciudad de México. La habitación, la única que había, quedaba al fondo de un

49

largo corredor, y no tenía ventanas. Sólo paredes, mudas, oprimentes, asfixiantes. No pasa nada, Piedad querida, no hagas caso de ese pequeño nerviosismo, no te anticipes, ese es el consejo que debes tener siempre presente, no anticipar. Aquí y ahora. Eres una adulta. Nadie se muere de un ataque de pánico. Aunque has oído que tal vez sí. Tómate medio Xanax, de esos que cargas siempre como el cianuro que los valientes llevan oculto para cuando los atrape el enemigo. Ya está. Cierras los ojos, te relajas, duermes plácidamente en esta ciudad ajena que mañana te abrirá sus maravillas. Y en efecto, te duermes, hasta que el animal agazapado dentro de ti se despierta, y bufa, y se estremece; son las dos, esa hora en que la oscuridad es total y nos parece que el alba es una quimera, una invención de la mente. Prende la lámpara, ese simulacro del día que serenará tu corazón y tu cabeza. Pero ¿y el aire? No hay aire. La habitación se ha convertido de repente en una tumba. ¿Y qué puedes hacer? ¿Ir a la recepción y decir que tienes miedo? ¿Ponerte a temblar allá como un perro moribundo? ¿Hacer el oso diciendo que te llamen una ambulancia? Essólounataquedepánico, essólounataquedepánico. Trata de dormir. El Xanax ya va a actuar. Pero no actúa. Estás helada. Tiemblas como un recién nacido a la intemperie. Báñate, es lo que hay que hacer. Eso. Ahora te sientes mejor. Pero no. Otra vez. Respira. La mano sobre el estómago. No, no te incorpores. Pero las náuseas. Así, tres horas. Largas como las del que viaja a sepultar a su muerto, o las del que, en un silencio atroz, siente cómo se multiplica la turbulencia que zarandea el avión.

A las cinco de la mañana empiezas a calmarte. Ya viene el día.

A las siete de la mañana salí a dar un paseo por el barrio que me albergaba. Era un día de fiesta y no había casi nadie en las calles. Todo me resultó hermoso, dulcemente estremecedor: el sol tibio, la quietud de los árboles, el aroma del café que salía de las cocinas, mi cuerpo renaciente, mi pequeña vida, tan frágil y tan fuerte como la de todos los vivos de la Tierra.

* * *

Alejandra Pizarnik escribió este *Poema para Emily Dickinson*:

> Del otro lado de la noche
> la espera su nombre
> Su subrepticio anhelo de vivir,
> ¡del otro lado de la noche!
>
> Algo llora en el aire,
> los sonidos diseñan el alba.
>
> Ella piensa en la eternidad.

Cuando sucumbía a la angustia, en las madrugadas, Alejandra llamaba a Olga Orozco, esa otra gran poeta argentina, dieciséis años mayor que ella y su amiga entrañable, y Olga le cantaba nanas para serenarla, para ofrecerle su compañía amorosa. Pero la angustia de Alejandra no le dio tregua. A los treinta y seis años se fugó a esa eternidad imaginada con una sobredosis de Seconal.

* * *

Paul Auster, que durante algunos años sufrió de ataques de ansiedad, como tantos otros escritores, refiriéndose al que le sobrevino después de la noticia de que su madre había muerto, escribe: «… el pánico no es sino la expresión de una huida mental, la fuerza que surge espontáneamente en tu interior cuando te sientes atrapado, cuando no puede soportarse la verdad, cuando resulta imposible afrontar la injusticia de esa verdad ineludible, y por tanto la única respuesta es la fuga, desconectar la mente transformándote en un cuerpo jadeante, crispado, delirante, ¿y qué verdad podría ser más terrible que esa? Condenado a muerte en cuestión de horas o días, muerto en la flor de la vida por causas que escapan por completo a tu comprensión, tu vida reducida de pronto a unos cuantos minutos, segundos, latidos».

No tuve ningún ataque de pánico cuando me informaron que mi hijo Daniel se había suicidado tirándose de la terraza de su edificio. Una fuerza gigante me poseyó en ese momento, tan grande como la sensación de desolación que acompañó todas las horas y los días siguientes. Una forma de la tristeza que no había conocido hasta entonces. Tres meses después, sin embargo, vino el derrumbamiento, pero no en forma física, como le pasó a Auster, que cayó sobre el piso de la cocina, fuera de sí; ni tampoco como huida o desconexión. Fue más bien un caer en el vacío de la verdad irremediable, y esa caída tuvo algo de similitud, por su poder desestabilizador, con el ataque de pánico. Sucedió en Miami, el día en que mi hija Camila tuvo a Carmen, su primogénita. De vuelta del hospital a la casa que habíamos alquilado, una revelación cayó sobre mí con la fuerza aniquiladora de un rayo: nunca más vería a Daniel. Nunca más podría oír su voz ni tocar sus manos o su cabeza. Nunca. Nunca. Mi reacción fue el desquiciamiento. No hablo de gritar ni de querer matarme, sino de sentir que no podía resistir esa verdad, que superaba mi razón, que me trasladaba a un lugar que hasta entonces no conocía: el de la nada infinita. Sin embargo, lo humano, lo que pone límites a un cuerpo vivo, a un cerebro vivo, me contenía. Yo estaba viva. Ese era el horror. Estaba viva y tenía que albergar un dolor que me desprendía de mi centro y me dejaba sin ningún asidero. La incredulidad que acompaña la noticia de una muerte se había quebrado y yo era un pobre despojo enfrentado a la verdad como a una luz cegadora. Sólo me quedaba lo que la naturaleza nos ha dado para enfrentar las penas: el llanto. Jamás pensé que tuviera tantas lágrimas. Brotaron durante horas, sin pausa, hasta la extenuación. Hasta la pausa que finalmente llega, y de la que te levantas para seguir viviendo.

La espera 1.

Te queda por delante el horizonte de un largo decaer.
ROSA MONTERO

Es muy probable que mi madre muera este año, mientras escribo este libro. Su salud es bastante buena, nada le duele, come y duerme bastante bien, pero tiene cien años y desde hace unos pocos meses ha empezado a irse de este mundo de esa forma liviana y triste que consiste en instalarse en otro tiempo, el de su infancia y su juventud. O tal vez en el tiempo de los sueños. Conserva, sin embargo, un frágil lazo con el presente. Sabe quién soy, o eso creo, se alegra al verme llegar y a la hora de despedirnos pregunta que cuándo voy a volver. Cuando ve fotografías antiguas, recuerda algunos nombres. Y cuando mi padre se ausenta a una cita médica, pregunta constantemente por qué no está. En mis visitas, pues, nos entendemos gracias a ese lugar de encuentro que hemos creado: un lugar de reiteraciones, donde todo lo que digo es recibido como una novedad, y donde yo cuento pequeñas historias, sin minucias, para llenar el silencio.

Cuando la visito me cuenta de sus andanzas. Hoy hice un viaje, dice ella, que apenas si puede dar una vuelta de unas pocas cuadras en su silla de ruedas. Me cuenta de la mucha gente que había. De cómo perdió la ida porque al llegar a su casa, su mamá no estaba. Del frío que hacía, de las dificultades del camino. Otras veces no encuentra las palabras. Comienza una frase, y de pronto se detiene, vacilante, un poco confusa, con una semisonrisa pícara. Porque mi madre es, y fue siempre, una mujer dulce y amable. Lo que sale de sus labios es muchas veces un absurdo: voz en vez de vaso, lata en vez de carro. ¿A qué hora sería?, pregunta, de repente, como si viniera de una conversación consistente. Yo no la corrijo ni muestro extrañeza ante sus galimatías. Así que tenemos conversaciones breves, abruptas, disparatadas. A veces las dos nos reímos al mismo tiempo, como celebrando nuestras tonterías.

De sus muchas virtudes, dos son las que más admiré siempre en ella: su sentido del humor, que cuajaba en ocurrencias oportunas y lapidarias, y su capacidad de escuchar, que yo creo haber aprendido de ella. La primera ha ido desapareciendo, aunque no del todo. Pero todavía ejercita la segunda. Aferrada a sus buenas maneras, hace preguntas convencionales sobre el trabajo, la salud, las rutinas, y de ese modo construye el frágil cimiento de una aparente cordura. Y para comentar mis respuestas, apela a frases hechas que son comodines salvadores, como las que usamos en los ascensores y los cocteles.

Mi padre se acerca a la sala apoyado en su bastón, con esos pasitos cortos de los hombres muy viejos, que imitados por un actor parecerían falsos. Trae unos audífonos enormes, con una banda sobre la cabeza de frente amplísima y un cable que termina en un micrófono para que su interlocutor pueda hablarle. Además de sordo, está casi ciego. «Hoy no pude ni siquiera leer los titulares», me dice, y su pequeña queja se expresa en un tono contenido, de un estoicismo admirable en un hombre que siempre tuvo un pesimismo innato y un sentido trágico de la vida. «De modo que esto ya no tiene sentido». Yo no sé qué decirle. A veces caigo en trivialidades. O soy cruel sin querer: «Son noventa y siete años, papá».

Vamos de uno en uno, los hermanos, para multiplicar la sensación de compañía y para turnarnos la tristeza.

Atrapadas

Las puras

El saber que recibíamos de las monjas era un saber vertical, acrítico, incompleto y dogmático. Odiaba las matemáticas, pero me tranquilizaba porque nos habían dicho que los números eran cosa de hombres. Sólo mi madre repetía que por el dominio de ellas se sabía si uno era más o menos inteligente. Eso sí, yo sabía recitar de memoria las capitales del mundo, las preposiciones, y los hechos sucedidos en las tres guerras púnicas, porque la memoria era el instrumento de aprendizaje más valorado por los maestros. Todavía hoy tengo claro quiénes fueron Asurbanipal, Sardanápalo y Cómodo. La historia que me enseñaban, sin embargo, era concebida por mis maestras como un sartal de hechos desprovistos de sentido, ejecutados por unas figuras providenciales que habían recibido el poder de las manos divinas, y no el entramado complejísimo y hermoso que va constituyendo el destino de los pueblos. También podía recitar poemas, siempre sentimentales o aleccionadores. Aprendíamos a bordar, a zurcir y a coger ruedos, porque en la cabeza de las monjas nuestro destino era el hogar, con o sin matrimonio. Nos enseñaban la virtud del sacrificio, una virtud exclusivamente femenina. Para entrenarnos, podíamos ensayar a caminar con piedras dentro de los zapatos. A arrodillarnos sobre un piso que nos lastimara. A no comernos eso que tanto nos gustaba. Yo empezaba ya a oír de mis profesoras, cada vez con más frecuencia, que era alguien con muchas capacidades, pero todas desperdiciadas. Una rebelde. Una indisciplinada a la que ya empezaban a suspender varios días del colegio.

* * *

«¿Para qué sirve la escuela? —escribe Frédéric Gros—. Para enseñar a obedecer».

* * *

Conseguí dos o tres cómplices, con las que nos dedicamos a hacernos preguntas sobre misterios inquietantes: ¿Cómo era el verdadero nombre de cada una de las monjas, qué identidad se escondía debajo de sus nombres ficticios? ¿Comían o no comían? ¿Les llegaba la menstruación? ¿Cómo se vendaban las tetas para disimularlas? Por ese camino fui escalando hacia temas más oscuros, hasta llegar a las más disparatadas conclusiones. Porque de sexualidad nadie nos hablaba. Eso sí, teníamos que sentarnos con las piernas cerradas, dejar un pequeño espacio en nuestro asiento para que nos acompañara el ángel de la guarda, y usar la falda debajo de la rodilla. Ya era adolescente cuando una brigada por la moral y las buenas costumbres, conformada por monjas armadas de tijeras, irrumpió un día en el recreo y desbarató los ruedos de nuestras faldas impúdicas, que dejaban ver el inicio de nuestros muslos tentadores.

Educarse con religiosas era lo que se consideraba normal en mi familia, donde hubo tres monjas: dos tías por parte paterna y otra del lado materno. La mayor, que al entrar al convento se había puesto Antonina, un nombre juguetón y eufónico, que no le correspondió nunca a ninguna santa, tenía gracia y picardía, y un trato amoroso con los demás que la hacía muy querida por los pacientes y los médicos en los hospitales donde trabajó. A su hermana, que tenía inclinaciones intelectuales, como mi padre, no le faltaba humor, pero tenía una adustez que se reflejaba en su espalda recta y su cara afilada, con nariz de ave rapaz. Delicada y culta, fue siempre una mujer enferma, de la que sospechamos que tenía anorexia. La tercera, que aún vive, ampulosa y sonriente, es ante todo una mujer buena y un poco simple, a pesar de que tuvo altos cargos en la comunidad a la que pertenece.

Lo que se dice es que las hermanas de mi padre ingresaron al convento todavía muy jóvenes, cuando aún no cumplían los dieciocho, porque mi abuelo se casó con la sobrina de mi abuela a los pocos meses de quedar viudo y la llevó a vivir a la casa de la familia. En rechazo a esa presencia los hermanos se dispersaron y el par de jovencitas, sin opciones económicas, optaron por el techo protector del convento. La hermana de mi madre, en cambio, ingresó a la misma comunidad cuando tenía unos veinticinco años, y mis hermanos y yo fuimos testigos de cómo mi abuela, una mujer pequeñita, firme y dura, una vez que entró a su casa después de despedirla a las puertas del convento, se deshizo en lamentos perturbadores, un treno para una muerte falsa, la que entierra el amor, la sexualidad, la libertad y la identidad.

Con el paso del tiempo iba a comprender que en las comunidades religiosas se reproducía el orden social del mundo de afuera. Arriba, en la cúspide, estaban las hijas de las «familias bien», muchachas orgullosas de un linaje que se traducía en buenas maneras, pero que casi siempre eran tan ignorantes como las otras, las campesinas, que entraban ya sojuzgadas a ejercer oficios distintos a la enseñanza, como cocinar, barrer, limpiar. Y a las que, de vez en cuando, tal vez cuando mostraban vivacidad y buen carácter, las nombraban maestras de los más pequeños.

* * *

El que visite el Monasterio de Santa Catalina puede ver cómo vivían las monjas de clausura en aquella pequeña ciudadela de muros azules y terracota, incrustada dentro de otra ciudad, la austera Arequipa de finales del siglo XVI.

Es fácil imaginar las rutinas que sostenían la vida en ese lugar hermosísimo, de edificios construidos en piedra volcánica, y de patios luminosos y celdas y cocinas penumbrosas, a donde sólo ingresaban mujeres pertenecientes a las familias adineradas. Se sabe que cada una llegaba con su séquito de sirvientas, que garantizaba que tuvieran una vida sin dificultades, y que en su momento más próspero vivieron allí alrededor de trescientas mujeres de distinta condición social. Lo que no podemos saber son las batallas que allí se debieron dar: los odios, las envidias, las venganzas, los amores furtivos, los castigos, los deseos reprimidos, los sueños de fuga, las depresiones, los suicidios. Porque tuvieron que darse todas esas pasiones, trastornos y tragedias en los casi cuatro siglos de encierro que transcurrieron antes de que el convento se abriera a los ojos de los turistas, que quién sabe qué se llevan después de recorrerlo.

En un convento cercano, el de las Carmelitas Descalzas, pasó toda su vida Catalina Correa. Entró cuando tenía dieciséis años y dice la leyenda que su abuelo Francisco, que fue quien pagó la dote y además donó al monasterio una pila de alabastro y el altar de la Sala Capitular, se encargó de que hiciera el camino a su enclaustramiento vestida como una novia y caminando sobre láminas de oro. Así recoge el mito el eterno contubernio de la Iglesia con el poder económico.

Cuando oí esa historia traté de imaginar qué pasaría en el corazón de esa niña mientras recorría las calles arequipeñas atestadas de gentes curiosas. Si en la exaltación de los preparativos tuvo miedo o tuvo rabia. Si esa primera noche lloró en su celda de paredes rugosas, cuando se hizo la oscuridad después de que apagaran las velas de cera. Si su nana la consoló y durmió junto a ella en el piso de piedra, sobre su estera.

«Sin duda, este museo es el lugar ideal para encontrar sorprendentes historias», dice frívolamente una nota de un diario peruano que encuentro en internet.

* * *

Volví a Arequipa en 2022 y quise visitar otra vez lo que yo recordaba como «el museo de la momia Juanita» porque ya estaba pensando en este libro. Juanita debía tener catorce años cuando murió, la misma edad en que yo entré al internado. Era una chica inca, y los expertos que han examinado su cuerpo intacto enumeran sus rasgos y virtudes: medía 1,58, tenía excelente salud, huesos y dientes fuertes gracias a los cuidados que le prodigaron siempre, era virgen y sostenía en sus manos el cordón umbilical que alguien guardó con celo durante todos esos años pensando en el momento de su muerte. Juanita es un nombre cariñoso que seguramente le pusieron los arqueólogos que la encontraron en la cumbre del volcán Ampato en 1995, o los museólogos que la colocaron en la urna de vidrio.

En el primer documental que vi, hace unos quince años, se explica qué recorrido debió hacer Juanita antes de subir al Ampato, a mediados del siglo xv. En un día cualquiera una chica inca de trece o catorce años se levanta con el ánimo exaltado, como hoy se puede despertar la niña que hace la primera comunión o que va a celebrar su cumpleaños. O quizá su boda, porque todavía hoy hay niñas aquí y en otras partes del mundo que se casan —o las casan— a los catorce años, a veces con su violador, como hasta hace poco permitía la ley en Túnez, Jordania, Kuwait y otros países. A la niña inca, que todavía no se llama Juanita, la visten para una ceremonia, la de *capac cocha*, con un bello tocado de plumas y una manta especial que se abrocha con un precioso prendedor enorme. Debajo ha de ir arropadita con alguna otra prenda de alpaca que la proteja del frío. Todo está listo para un largo viaje, tal vez de varios días, pues según parece los incas no ascendían a sus montañas por los mismos caminos que hoy hacen los alpinistas en unas cuantas horas. Así que la niña empieza a subir con su séquito. Probablemente tiene hambre, porque desde el día anterior está ayunando, aunque es seguro que le dan agua, porque desde que nació, desde que cortaron su cordón umbilical y lo guardaron con toda precaución en una vasija, la han cuidado con esmero. Desde hace unos meses le cambiaron su dieta habitual por una de carne y maíz, que la ha hecho más fuerte. Y como sus zapatos de cuero de venado o de lobos marinos, hechos para los fríos de las tierras altas, como el Ampato, se van a ir gastando en el ascenso, llevan una buena provisión para cambiárselos.

Todas esas cosas sabemos. Que pusieron el cordón umbilical en su mano. Que la arrodillaron en la boca del volcán. Sabemos incluso que podía tener un parentesco lejano con mujeres de antiguas culturas taiwanesas y coreanas. Lo que no sabemos es si mientras subía iba alegre o ansiosa, si la habían informado de lo que la esperaba al final de aquel viaje, si la chicha que le dieron en la cumbre la hundió en un estado de aletargamiento sereno, o si tuvo entonces un último sueño aterrorizado.

Mis dos amigas y yo recorremos silenciosas las pequeñas salas del Museo Santuarios Andinos, deteniéndonos en las cerámicas, las estatuillas de oro, los ajuares funerarios. Finalmente llegamos al lugar más esperado. Juanita está sentada con las piernas recogidas y la cara levantada, con un gesto plácido. En el lado derecho podemos apreciar el cráneo hundido y el ojo apagado por el golpe certero del mazo de piedra de su verdugo.

Nos miramos. Las tres tenemos húmedos los ojos y nos abrazamos espontáneamente, sin avergonzarnos de ese repentino brote sentimental. «Es igual a todas las Juanitas que están afuera», dice Patricia.

* * *

El escritor hace tres movimientos mentales mientras escribe. Va hacia adentro, hacia su yo más profundo, buscando el filón de la memoria, en la que caben todas las lecturas convertidas ya en experiencia. Hacia afuera, hacia la página que se prepara ya para un lector, donde cada palabra aspira a la precisión o a la revelación. Y hacia los lados, en un incesante ejercicio de relacionar. Mientras escribía sobre Juanita, una historia que oí hace mucho vino a mi memoria: una mujer que hoy tiene mi edad va a casarse. El día anterior, entre lágrimas, le dice a su madre y a su hermana que está arrepentida, que cree que no está enamorada, que no quiere casarse. ¿Qué le ha sucedido? Probablemente por un instante, de golpe, ha logrado imaginar un futuro de atrapamiento y de desdicha. Y, simultáneamente, ha podido ver dentro de sí misma, con espantosa honestidad. Y lo que descubre la llena de terror. Necesitada de ayuda, de abrazo, se ha atrevido a pedir auxilio. Imposible, argumentan sus hermanas, ¡imposible que no esté enamorada! Pero, además, el vestido, las invitaciones, la fiesta. La vergüenza. La oportunidad de casarse. Y, por supuesto, el novio. ¿Qué va a pensar el novio?

Imagino a la madre en silencio.

La mujer condesciende, con el alma encogida.

Al día siguiente la peinan, la maquillan, la visten con el vestido lleno de encajes que estuvo a punto de quedarse colgado de una percha. Ella da vueltas en el carro convertible que han alquilado, mientras el novio llega. Con el velo al viento, radiante y hermosísima, ella hace su pacto con el destino. Ya no hay reversa. Lo que supe, tiempo después, es que su matrimonio fue como ella lo vislumbró: un mundo de atrapamiento y de desdicha.

¿A qué renuncias cuando te casas?

Recuerdo ahora otra historia cercana, de alguien que conocí. A los dos días de haberse casado —y el marido era apuesto, culto, seductor, arrogante— la chica llegó con un camión, deshizo la casa incipiente y lo dejó para siempre.

¿Qué descubres cuando te casas? ¿Qué puedes descubrir que ya no supieras?

Las errantes

Para las mujeres de la generación anterior a la mía el matrimonio era un destino, ser madres un imperativo, y un privilegio tener al hombre como único proveedor de la familia. Para otras cuantas solía ser una opción desesperada cuando llegaban a la edad de vestir santos, porque la soltería era vista como una deshonra: ninguno las había elegido, serían mujeres sin hijos, humilladas para siempre.

En su *Historia de un matrimonio*, Stephanie Coontz escribe: «Las mujeres solteras rara vez podían mantenerse por sí mismas durante varios años y mucho menos ahorrar para la vejez. Muchas veían el matrimonio como la única alternativa a la indigencia o la prostitución o, aun en los mejores casos, a la amable dependencia de los parientes. Al no haber seguridad social ni pensiones, una mujer que llegara a los 40 sin haberse casado generalmente tenía que mudarse a casa de algún pariente. Dejando de lado las novelas sentimentales, esa no era siempre una vida idílica». Quedaban al garete, como esas estrellas que ahora sabemos que han sido expulsadas de sus galaxias y flotan en el vacío del universo. Las que los científicos han bautizado con el nombre de estrellas solitarias y coinciden en que su luz es mucho más tenue que la de las otras.

Tuve dos tías solteras, que para todo el mundo eran simplemente solteronas, ambas nacidas a finales de los años veinte del siglo pasado. Según me han contado, las dos tuvieron, siendo jóvenes, amores que fracasaron. El novio de una de ellas se casó con una de sus mejores amigas. Esa tía, hermana de mi padre, a la que llamaré Ye, era una mujer vanidosa, que ya vieja se maquillaba un poco ruidosamente, y usaba collares y aretes muy vistosos. Hoy en mi cara adivino rasgos de la suya. Desde que me acuerdo, aquella mujer, a la que yo quise mucho en mi infancia, erraba de casa en casa. En la nuestra pasó varios años, siendo yo muy pequeña, y aunque tenía una relación cordial con mi madre, esta debió hacer un esfuerzo en su papel de anfitriona, porque era evidente que mi tía tenía un carácter difícil. Como las mujeres de *Cien años de soledad*, pasaba las tardes bordando, un arte que conocía a la perfección. Sus piezas eran de una finura extraordinaria, bebida de una tradición de siglos, legada por otras mujeres duchas en ejecutar esas puntadas sabias, en extraer hilos, zurcir, hacer remates impecables. Las mismas labores a las que dedicaban los días muchas otras mujeres en los conventos. Como Penélope, mataban así unas horas que no las llevaban a ninguna parte. Mi tía bordaba iniciales en los pañuelos y en servilletas que las criadas almidonaban, y probablemente recibía por su trabajo unos pocos pesos que le servían para comprarse su ropa, sus abalorios, su maquillaje. Terminó cuidando a sus sobrinos, un montón de niños que quedaron en desasosiego cuando faltó su madre, y ejerciendo así una maternidad para la que no estaba preparada y que le trajo tantos disgustos que un día, después de un tiempo de acompañamiento, decidió irse para donde otra pariente, en un pueblo lejano, donde años después la sorprendió la muerte. Sé que mi padre, como hizo siempre con personas de la familia con dificultades económicas, la ayudó hasta el final. Cuando me llegó la noticia me sacudió un llanto inesperado. Hacía muchos años que no la veía, tal vez veinte, pero me unía a ella un afecto sin explicaciones, un cordón umbilical invisible, y, tengo que decirlo con vergüenza, la lástima, y la culpa de no haber sabido estar más cerca.

Zeta, la otra tía «solterona», fue una mujer bella en su juventud, aunque su cara de pómulos altos y labios apretados era dura como su espíritu. Me contó mi madre, que era mayor que ella, que desde niña se enfurruñaba por cualquier cosa y que se sentía poco querida. Cuando llegó a los dieciséis años la enviaron, como a las otras hijas, a estudiar a Medellín, porque en el pueblo no había otras opciones; pero como a los dos meses escribió quejándose de aburrimiento, le ordenaron devolverse de inmediato, en castigo por «desperdiciar las oportunidades». En aquellos tiempos los padres, llenos de hijos y cansados de educar y proveer, eran implacables. A los treinta Zeta ya vivía en Bogotá con mi abuela materna y algunos de sus hermanos, y trabajaba como secretaria, una opción profesional muy común en las mujeres de su época. Era una mujer elegante, vestida de manera discreta, que tuvo buenos trabajos, entre ellos uno en una empresa norteamericana, y tal vez estar allí, en contacto con sus jefes gringos, la estimuló a lo que creía que sería volar más alto. Viajó, pues, a Nueva York, como tantos en los años sesenta, con quién sabe qué sueños en su imaginación. Los que habían construido el cine, la televisión, la publicidad: una vida independiente y glamurosa, tal vez amor, y dinero, por supuesto, dinero.

Veinte años después estuve en su apartamento rentado en Queens, situado en una calle estrepitosa llena de migrantes; era un espacio bastante amplio, con pocos muebles, donde el verano entraba como una ola de fuego por las ventanas siempre abiertas, porque no había aire acondicionado, pero que resultaba un logro en una ciudad cara. Zeta hablaba de Nueva York con fascinación, como un mundo de felicidad y oportunidades, pero pronto entendimos que el suyo era el relato que había construido para ocultar una vida rutinaria, de una dureza feroz, y de una soledad inconmensurable. Administraba con su mano firme una lavandería que se estremecía con las estridencias del metro elevado que circulaba por encima, y pasaba horas enteras en la parte de las máquinas, entre el vapor húmedo, siempre de pie, cuando no atendiendo a la clientela, imagino que con una sonrisa forzada y en un inglés lleno de tropiezos. Probablemente, como tantos migrantes, volvía a su casa hecha polvo, a comer de prisa, a ver televisión y a tomarse unas cervezas —había muchas en su refrigerador— antes de dormirse.

No sé si visitó alguna vez los museos, si fue a algún concierto, si tuvo algún amor que la iluminara. Me temo que no. Lo que sí sé es que mi tía Zeta, que debía ganar muy bien, compraba su ropa en almacenes lujosos como Saks Fifth Avenue. Pero no se la ponía. No tenía ocasión de lucirla. Así que cada tanto recibíamos alguna caja y en ella venían faldas de genuino terciopelo, zapatos de marca, carteras de cuero con cadenas doradas, todavía con las etiquetas de compra, sin rastro alguno de uso, y todo de un gusto exquisito, como el que siempre había tenido. Aquellos regalos suyos, mudos, contaban la verdadera historia, la de una doble vida en la que ella era una mujer de mundo, cosmopolita y exitosa, durante las horas en que escogía aquellas prendas finas y caras que, luego de estar guardadas esperando el momento que ameritara estrenarlas, iban a parar a las manos de sus hermanas y sobrinas, que las recibíamos agradecidas.

Algún tiempo después Zeta se convirtió en ama de llaves de una familia millonaria. Allí, en medio de la opulencia, tal vez se sintiera más digna, menos infeliz. Vivió con ellos muchos años, haciendo de la limpieza y el orden un arte que la convertía en una esclava por voluntad propia y muy seguramente en una tirana con los niños, pero que le permitía evadirse. Hasta donde sé, salió de allí ya mayor, disgustada con todos, y con unos ahorros y una pensión que le permitirían regresar a esta tierra que ya le era ajena. Volvió, llena de entusiasmo, a vivir el mito de la patria recobrada, y se instaló en una ciudad mediana, con un clima amable, e invirtió todos sus ahorros en un apartamento propio donde se dispuso a ser feliz. Dos años después sufrió un accidente vascular que le quitó la visión periférica y la dejó en una condición de tal vulnerabilidad que decidió internarse en un lugar donde la cuidaran. Fue lo que pudo darse con los cincuenta años de intenso trabajo en el país de las maravillas.

* * *

A Catalina Correa la acompañaba un pequeño séquito de criadas en el monasterio, como a todas las monjas que provenían de familias ricas.

En nuestros países latinoamericanos las criadas trabajan en las casas de los ricos, pero cualquier familia de clase media, y a veces incluso de clase obrera, también se da el lujo de tener una. De esa dimensión es la pobreza. A las criadas en mi infancia las llamaban sirvientas. Luego, eufemísticamente, empezó a llamárselas «muchachas» o «empleadas del servicio». «¿Tú sabes de una muchacha?». «Se me fue la muchacha». «Tengo una muchacha buenísima». La palabra *muchacha* pareciera referirse siempre a una joven llena de bríos —aunque sabemos que la connotación de la palabra es otra—. Y detrás del verbo *tengo* hay una larga historia de niñas, de madres solteras, de ancianas, que han estado condenadas durante años al encierro o a vidas eternamente rutinarias.

De las criadas de la casa de mi primera infancia, allá en el pueblo, guardo unos pocos recuerdos y muchas sensaciones. Si tuviera que buscar palabras para nombrarlas, hablaría de tibieza, de carne muelle, de olores dulces. Veo una mujer negra, de cara ancha, sonriente, que tenía un nombre que me resultaba curioso, Zoila. Y estaba Anita, de cabeza rizada, que me llevaba de un lado a otro en sus brazos morenos, delgados y fuertes. Una me contaba cuentos de miedo mientras lavaba, exponiéndose al regaño de mi madre porque en la noche yo seguramente tendría pesadillas. Otra —o la misma— me enseñaba canciones, me dejaba raspar la olla de la natilla, me sacaba al patio a tomar aire fresco. Todas, no sé cuántas fueron, tenían la benevolencia que nunca tuvieron las monjas. Claro que también recuerdo una, casi niña, que llegó de la mano de su madre y de alguien más, y que empezó a llorar a la hora de despedirse. No sé si condescendieron y la llevaron

70

de vuelta a su casa, pero desde mis seis o siete años pude medir su miedo y su desesperación de tener que quedarse sola a trabajar en la nuestra.

María, Carmelita, Rosa Tulia, Custodia, Blanca Lilia, Teresa, Esther, son los nombres de algunas de las muchas que conocí desde mi adolescencia. Eran campesinas, jóvenes casi todas —Carmelita no, Carmelita era una anciana de nariz afilada que venía una vez a la semana a ayudar a la «interna»—, que llegaban a mi casa, o a las de mis amigas, con no mucho más que una maleta pequeña, o una caja amarrada con cabuyas, a dormir en «el cuarto de la muchacha», a levantarse antes que todos en la casa para despachar desayunos, a ponerse sus dos delantales, el pequeño para protegerse del agua, y a trabajar hasta las ocho, quizá hasta las nueve, cuando regresaban al cuartito que el arquitecto había diseñado para ellas, un espacio de tres por tres con su baño en miniatura. Algunas olían a sudor, otras a cebolla y albahaca y romero, otras a las fragancias penetrantes de los jabones que se quedaban pegadas a sus manos. La literatura y el cine han hablado del bucle eterno de estas vidas. Todos recordamos esa larguísima escalera en *Roma*, de Cuarón, por donde subían las criadas hasta el lugar donde volvían a ser ellas.

* * *

Un día sonó el timbre de la puerta de la casa de mis padres, y cuando mi mamá salió a abrir se topó con una niña de unos once años. Todavía puedo verla, con su carita en forma de corazón, blanca como una cuajada, sus ojos oblicuos y risueños y su pelo lleno de rizos color caramelo. Era la niña más linda del mundo, y venía llorando. ¿La razón? Su «patrona», como la llamaba —una mujer joven y bastante estúpida, vecina de mi madre—, la había sacado a escobazos porque algo había hecho mal. Romper un vaso, quemar un limpión, cualquier otro daño hecho por aquella muchachita que con dificultad podía poner una olla sobre la estufa. Mi madre la acogió, sin saber muy bien qué hacer con ella. Oliva, que así se llamaba, ayudaba en ciertos oficios livianos, porque para los pesados había ya una mujer de la limpieza. Era pulcra, pulcrísima, dulce, cariñosa, una inesperada seudohermanita para nosotros.

Pasados unos meses mis padres la pusieron a estudiar en un colegio de monjas en las afueras de la ciudad, y Oliva salía a tomar el bus del colegio y regresaba a las cuatro a hacer las tareas y a ayudar un poco a la hora de la comida. Qué era ella en esa casa no fue fácil de entender. A sus compañeras les dijo que los nuestros eran sus padres y nosotros sus hermanos. ¿Pero dónde estaba su familia, su verdadera madre, su casa? Yo nunca lo supe. Nos quiso, la quisimos. La seguimos queriendo, aunque ya no la veamos. Porque, tal vez para romper esa ambigüedad incómoda, o para alejar su adolescencia espléndida de la adolescencia de mis hermanos, mis padres enviaron a Oliva a terminar su bachillerato en un colegio regentado por una de mis tías monjas, en una ciudad del norte del país. Sabemos que se casó, que se separó, que sus hijos fueron a la universidad. Y que sigue siendo tan aguerrida como cuando era niña y llegó pidiendo protección contra el maltrato.

* * *

Muchos años después, cuando ya tenía a mis hijas, llegó a mi casa una versión adulta de Oliva. Reina tendría veinte años y algo en ella me recordaba a la Venus de Botticelli, con su cuello larguísimo, su piel transparente, sus ojos adormecidos, su estatura de giganta y su larguísima melena. Una hermosa Venus campesina. Traía un acordeón en una mano y en la otra una máquina de tejer que había comprado con lo que le dieron por una ternera. Venía de un lugar remoto de Boyacá, donde creció en una casa de piso de tierra que en las noches alumbraban con velas porque no había luz eléctrica. Según me contó en una de las muchas conversaciones que tuvimos, en su infancia comían poca carne y casi nada de fruta y verdura, algo que nadie creería viendo su figura rebosante de salud. En una pobreza asfixiante se habían criado Reina, sus numerosos hermanos —ella era la menor— y la madre artrítica, condenada a una cama desde los cuarenta años. Ya desde muy niña Reina sabía que su padre tenía sexo con los animales.

La historia que me contó me dejó sin aire. Cuando tenía unos trece años, su única hermana, un poco mayor, se vino a Bogotá a trabajar en el servicio doméstico. Unos meses después llegaron rumores de que estaba embarazada, de modo que sus hermanos hicieron lo que creían que debían hacer: devolverla para el campo y darle entre todos una paliza brutal, por puta. Luego la condenaron a los trabajos más duros, un castigo sin concesiones, acompañado por el silencio despreciativo de toda la familia. El resultado fue que la joven enloqueció o tal vez antes ya había perdido la razón. Sus gritos se oían a leguas, y en sus arrebatos salía desnuda al camino. La llevaron al hospital, pero no tuvieron con qué comprar la droga que le formularon. Así que durante un tiempo la encerraron en un cuarto de herramientas cercano a la casa, sin saber qué hacer. Reina era la encargada de llevarle la comida, que le entregaba por una ventanita. Pero como esta situación no podía sostenerse infinitamente y los escándalos de la hermana empezaban a inquietar a los habitantes de las fincas vecinas, hubo un conciliábulo familiar en el que lanzaron al aire ideas para resolver el conflicto. El hermano mayor sugirió llevarla a la selva y abandonarla para que se la comieran las fieras, pero ni siquiera sabían dónde era la selva, así que desecharon la idea. Al final encontraron una salida sencilla: la amarrarían a los barrotes del catre que le habían habilitado en el cuarto de herramientas, y le darían drogas baratas en grandes proporciones, hasta que muriera. Así se hizo. Según contó Reina con voz abrumada, la agonía duró tres días y la enterraron en un hueco que cavaron en un lugar cercano. Bañada en lágrimas ya para este momento, me preguntó si creía que por eso ella iba a irse al infierno. Yo le contesté lo mejor que pude, tratando de ahuyentar sus culpas. A Reina le preocupaba la justicia divina, pero jamás, ni ella ni sus hermanos, ni la madre, que también participó en las deliberaciones, temieron a la justicia humana. Porque al fin y al cabo ellos de justicia —humana o divina— no habían sabido nada en aquellos montes ariscos, nunca.

* * *

Ser «señora» no se me daba bien en mis primeros años de casada. Por eso Aurora, una de las primeras empleadas que tuve, renunció con el argumento de que yo «no sabía disponer». Le di toda la razón, y hasta la compadecí. También tenía razón mi madre cuando me reprochaba que le había abierto un hueco muy grande al tetero y la niña se ahogaba o que por un descuido mío tenía pañalitis. Los padres no parecían tener mucho que ver con estos estropicios. En ese entonces yo no era ni una buena ama de casa, ni la madre que mi madre pretendía que yo fuera, ni la escritora que había soñado —aunque estaba empeñada en ser todas esas cosas— y ni siquiera una mujer que ganara dinero, sino una preparadora compulsiva de clases que escondía sus miedos detrás de cientos de fichas de datos.

Tan inestables como yo eran las jovencitas que me ayudaban. Recuerdo con el alma encogida —yo, que durante años iba a tener ataques de pánico— a la chica de Quipile que desde que llegó se mostró trémula, con los ojos brillantes a punto de soltarse en lágrimas, hasta que a las dos semanas dejó que su tristeza se derramara en un llanto convulso, mientras que con el pecho agitado me confesaba que tenía miedo, y nostalgia de su casa y de su madre, y acordamos que esa misma tarde se iría a coger la flota que la devolvería a su pueblo. También hubo una empleada a la que un día sorprendí con los ojos en blanco mientras se apretaba con todas sus fuerzas a la lavadora en movimiento. En un acto del que tendría que avergonzarme —pero no— exploré su cuarto un día en que no estaba, y encontré el manual de masturbación más completo que vi nunca, con instrucciones tan dispendiosas como las que acompañan los electrodomésticos más sofisticados.

Ya era yo una mujer hecha y derecha que había aprendido a disponer cuando pasó por mi casa Rosalba, una mujer de unos sesenta años, que disfrutaba pasar horas cepillando las cerdas de los tapetes en la misma dirección, hasta lograr un efecto perfecto. Tenía modales de gran dama y el carácter recio de una abadesa. Su mayor orgullo era haber trabajado hasta entonces en la casa de un médico muy famoso, y millonario, especialista en tratar parejas infértiles. Rosalba, que se deleitaba hablándome de los lujos de la casa de sus anteriores «patrones», tal vez con el ánimo de subrayar la chatura de mis propios muebles, me advirtió desde un comienzo que ella no lavaba pañales cagados, cosa que entendí perfectamente, pues era un castigo injusto para alguien que jamás tuvo hijos. Gracias a su altivez y a mi nula intención de dar más batallas cotidianas, en poco tiempo Rosalba logró posicionarse como la autoridad de la casa y hacerme sentir como una intrusa. Así que yo llegaba de dictar mis clases y me ponía un par de guantes para sacar de la tela las manchas pardas de los pañales de mi hijo menor, que tenía meses. (Esa imagen me ha hecho recordar otra: la de mi madre lavando mis trapitos empapados en sangre, cuando aún no se usaban las compresas, para que esa tarea no le tocara a la empleada —por respeto— ni a mí, que estaba destinada, según ella, a grandes cosas, y no podía perder tiempo en esos menesteres porque tenía que hacer mis tareas). Muchos meses después de estar con nosotros, Rosalba me confesó que a ella «le daban ataques» y que por eso le daba miedo cargar a Daniel, pues en caso de sufrir uno las consecuencias podían ser graves. No sé si fue una forma rebuscada de renunciar al trabajo, pero si fue así lo logró, pues, no sin cierto alivio, le dijimos que antes de que esto sucediera era mejor que se fuera, previa indemnización y pago de lo que se le debía. Mi madre se deprimió con la noticia porque opinaba que era la mejor empleada que yo había tenido nunca. Días después de su partida, la amiga que me había recomendado a Rosalba me contó algo de lo que se acababa de enterar: que la familia del médico famoso, antes de prescindir de sus servicios de tantos años, había logrado que ella confesara que, cansada de las visitas de los amigos adolescentes de los chicos de la casa, que estropeaban su aseo perfecto, había hecho pequeños agujeros con un cigarrillo encendido en la tapicería de los muebles, para que la culpa recayera sobre los molestos visitantes, a los que quería desterrar.

La espera 2.

Hoy encontré a mi padre tendido en la cama, en la postura en que lo enterraremos. Boca arriba, las manos entrelazadas sobre el pecho, los ojos cerrados. A las once de la mañana, dormita, porque hoy no está viendo nada, me dice la enfermera, y se cansó de tratar de leer la prensa. Así que sigo a ver a mi madre, que en la sala hojea una revista. Me reconoce, y me saluda con cariño y en ese tono de sorpresa con el que me saludó siempre, durante años, para mostrar que se alegraba de verme. Pero hoy su mente está especialmente deshilvanada. Busca las palabras, vacila al no encontrarlas, y dice tan sólo pequeñas frases hechas que le dan la ilusión de estarse comunicando. Como las pausas silenciosas resultan exasperantes, propongo que demos un paseo, y la llevamos en su silla de ruedas, la enfermera y yo, por los alrededores llenos de jardines y árboles que espero disipen el agobio de su eterno encierro. Finalmente nos sentamos en un pequeño parque a recibir un poco del sol benigno de enero, que los bogotanos estamos viviendo como un milagro después de meses de lluvia. Mi madre se ve feliz, con una cara expresiva y sonriente. Entonces yo le leo un breve juego de palabras que acabo de recibir en mi teléfono, Juan de la Cosa dice que una cosa es una cosa y otra cosa es otra cosa… y así, hasta el final. Luego lo repetimos, frase por frase, mi madre y yo, divertidas. La reto a que lo diga. Y ella lo va recitando en voz muy baja, como si su memoria estuviera intacta, con los ojos fijos en un punto imaginario para no perder la concentración. No, no celebro su logro ni con palmas ni con bravos. No quiero infantilizarla, aunque sé que en ella todos los días crece una bebé balbuceante, la que alguna vez fue. Sólo nos reímos un poco, las tres, y la vida se aliviana por un momento, sopla en nuestros rostros su aliento tibio.

Amor y muerte

Y se hizo la luz

Por la misma época en que me descubrieron la úlcera duodenal, a los quince años, supe que mi destino era ser escritora.

En las vacaciones de diciembre, como las llamábamos, nos enviaron a mi hermana y a mí a la finca montaraz de uno de mis tíos maternos, un hombre grande, como mi abuelo, y, como él, bueno y atento con los niños. Para llegar allá viajamos muchas horas en carro hasta un lugar donde nos esperaban los caballos. Tener que montarme en uno por primera vez en la vida me hizo saber de qué tamaño era mi cobardía. Lo hice, claro, fingiendo seguridad, para que mi dignidad no sufriera mayores resquebrajamientos, pero aquel trayecto permanece en mi memoria como una prueba atroz que superé muy a medias. Cada tanto aparecían lo que llamaban talanqueras, portones de madera pesadísimos que uno de los que comandaban la comitiva abría de un golpe desde su montura, señal de que los demás debíamos pasar enseguida y de prisa, deteniendo con la mano aquella estructura que se devolvía amenazando con golpearnos o en el peor de los casos con encabritar a los caballos. En aquella finca, enorme, me esperaban otras torturas: baños en la represa, cuyo piso fangoso me resultaba repelente e inseguro, y en la que cada tanto veíamos venir flotando las culebras viperinas o de agua; terrores nocturnos cuando apagaban la planta eléctrica y nuestros cuartos compartidos, donde dormíamos en literas, quedaban en una oscuridad tan profunda que no nos permitía ni siquiera ver nuestras manos; el olor a ráfagas de la marranera; y, sobre todo, peleas frecuentes con los muchos primos adolescentes, que olisqueaban mi temperamento ajeno al riesgo y mi desinterés absoluto en la vida silvestre.

La experiencia incluyó, sin embargo, ciertos aprendizajes interesantes sobre la vida animal, entre los que destacan dar biberón a los terneros, ver cómo se mataba el marrano para la cena del 31, y asistir a la castración de un toro o al horrible espectáculo de la marcada del ganado con un hierro candente. La delicia de la comida local, hecha por muchas mujeres, el descubrimiento del sabor del suero regado sobre el plato de arroz y el de la leche caliente del ordeño reciente, y la Navidad celebrada con pólvora hasta la madrugada, fueron actividades compensatorias. Recuerdo también ver pasar a lo lejos, como una visión fantasmagórica llena de belleza poética, un desfile de antorchas con el que una multitud de campesinos que iban a un fandango iluminaba el camino.

Mientras mi hermana en poco tiempo ya había logrado una adaptación perfecta y pasaba horas jugando cartas con mis primas, yo supe que no encajaba ni iba a encajar jamás en aquel lugar. Huir era imposible, y ni siquiera había un teléfono que me permitiera apelar a un rescate. Entonces sucedió un milagro: en algún rincón de aquella finca llena de cuartos encontré, arrumadas, docenas de revistas: las *Life*, que ya había dejado de ser la publicación humorística y de entretenimiento que fundó a finales del xix el ilustrador norteamericano John Ames Mitchell para convertirse, en manos del fundador de *Time*, en una revista de gran formato de interesantes fotorreportajes; y las *Visión*, dirigida entonces por Alberto Lleras, llena de artículos de política latinoamericana. En esas páginas áridas me sumergí durante aquellos casi dos atormentados meses, pasando de algún artículo sobre la carrera espacial a los análisis sobre la Guerra Fría, o de una crónica sobre el Tíbet a una disertación sobre las funciones de la OTAN.

Ratón de biblioteca me apodaron de inmediato, y yo asumí ese mote despectivo con gran orgullo, como una definición que me daba una identidad y reforzaba lo que desde hacía un tiempo era una aspiración postergada: ser un «intelectual puro», así, en masculino, un término que había leído en no sé dónde. Infatuada, prevenida, ligeramente despectiva, salía de mi madriguera borracha de información al sol resplandeciente del que me estaba perdiendo.

* * *

Pocos meses después tuve lo que fue una epifanía que me iba a marcar el rumbo. La culpa, en parte, la tuvo otra vez la luz, esa luz bogotana de brillos de metal recién templado que a veces sobreviene a un aguacero. Vivíamos en una casa que todavía olía a nuevo, construida en un suburbio de calles anchas bastante despoblado. Era un domingo húmedo y en la pequeña biblioteca familiar de amplio ventanal había estado leyendo durante horas, abstraída totalmente, *Crimen y castigo*. Alcé de pronto la vista, y me topé con el resplandor extraño, un tanto apocalíptico, del pavimento mojado, del muro gris de la casa del frente y del cielo todavía turbio de las cinco de la tarde, y experimenté una emoción que tal vez no había sentido hasta entonces, una exaltación del espíritu como la que dice Stendhal que tuvo cuando se enfrentó a la belleza de la iglesia de la Santa Croce en Florencia y que lo llevó a escribir: «Experimentaba una especie de éxtasis por la idea de estar en Florencia… me sobrecogió una feroz palpitación del corazón… El manantial de la vida se secó dentro de mí, y caminaba con miedo constante de caer al suelo». Dice internet que el síndrome fue descrito clínicamente como un trastorno psiquiátrico en 1989 por Graziella Magherini, después de observar los mareos y desmayos que sufrieron ciento seis pacientes, todos turistas en Florencia, tras la contemplación de las esculturas de Miguel Ángel y las pinturas de Botticelli. Yo pienso, contradiciendo irrespetuosamente a la tal investigadora, que los desmayos fueron causados por el sol del verano.

No imagino cómo denominaría mi síndrome la doctora Magherini, ni sé si ese rapto de felicidad deslumbrada se trató de un trastorno psiquiátrico. El caso es que en alguna parte de mí se aposentó la idea de que lo que yo quería en la vida era escribir con la misma intensidad y hondura que Dostoievski. Quiere decir que ya era yo una *letraherida*, esa palabra que en realidad es mucho más potente que la plana definición del *Diccionario de uso del español*, de Seco, Andrés y Ramos, que la recoge como «aficionado a las letras o a la lectura». Que estaba poseída por esa peste que Vila-Matas llamó el mal de Montano.

Cuando, dos años más tarde, eso se tradujo en la decisión de estudiar Literatura, mi padre sufrió una consternación profunda, que nos llevó a dar durante varios meses una serie de desgastantes batallas.

La vía láctea

Todo acontece. La enfermedad, las mareas, las guerras acontecen. El amor acontece. La memoria no me lleva a mis estados de ánimo ni arroja demasiada claridad sobre mis sentimientos de aquellos meses. O me lleva a medias. Sólo puedo dar cuenta de los hechos: cuando tenía dieciséis, a mi puerta llegó un tropel de adolescentes, de esos que antes eran espantados por la sola presencia de mi padre. Y entre ellos estaba el que iba a ser mi marido. A esa edad eres una especie de *puzzle* a medio armar, un ser en plena construcción, con todo lo que eso encierra de riesgo y de promesa. Y *el amado*, ese que escoges aleatoriamente o que no escoges, pareciera que ayuda a que tus fichas vayan encajando como si todo se dirigiera a un lugar con sentido. O, si estás de malas, destruye de un manotazo lo logrado y se larga. No fue mi caso. Como en todo enamoramiento, la mirada de un extraño me otorgó de pronto una existencia nueva. La posibilidad de una renovación. En eso consiste.

Mi enamoramiento fue desde el comienzo infantil en su dependencia. Y estrictamente adolescente en su romanticismo, que llenó mis días de fervor, de necesidad, de deseo. Creo, contrariamente a lo que se predica hoy, que es legítimo y hermoso empezar una relación así, amando no sólo a la persona sino la pasión que nos consume, inconscientes de nuestra ceguera. Ya vendrá, más tarde o más temprano, la pérdida del hechizo, y aparecerá el ser real. Y ahí sabrás si te has equivocado. O no.

Hago un esfuerzo por verme en la memoria, pero la imagen sólo me la devuelven las fotografías. En ellas veo mis plenitudes, no mis turbulencias ni mi fondo roto. Un cuerpo lozano, unos ojos vivaces, una piel bronceada, una sonrisa feliz. Por ninguna parte el desasosiego que adentro daba sus feroces mordiscos. Por esos días, la úlcera duodenal que mantenía mis entrañas a fuego vivo hizo que terminara en la clínica una semana. Al salir me formularon leche, mucha leche, algo que a ningún médico se le ocurriría hoy. Y Pepsamar, esa otra especie de leche que debía aliviar los ardores eternos de mi mucosa intestinal, que siempre me he imaginado como una gasa delicadísima llena de dolorosos agujeritos oscuros. Yo flotaba día y noche en mi propia vía láctea. Como el alcohólico que esconde su botellita en el fondo de la mochila y la saca a escondidas, cuando cree que nadie lo está mirando, así yo me emborrachaba de leche en los intermedios del cine —porque el cine tenía intermedios— y del teatro, y en los baños de las discotecas y del colegio y de la universidad. Fueron cuatro años lácteos, como los de esos niños que se empecinan en su tetero, sustituto del pecho de la madre, del abrazo de la madre, de su tranquilizadora posesión.

Señora muerte

Con el amor llegó también la muerte. Mi primer contacto con ella había sido fugaz pero imperecedero. No tendría ni cinco años cuando frente a nuestra casa pasó un pequeño cortejo luctuoso, de los que se veían cada tanto en el pueblo. Me llamó la atención que el ataúd fuera muy pequeño y de color blanco. Me explicaron que el que había muerto era un niño, y esa información sacudió hasta los cimientos mi creencia de que sólo se moría la gente vieja. Una pequeña grieta de ansiedad se abrió en mi infancia hasta entonces desentendida: yo también podía morir.

Tendría dieciocho cuando la muerte volvió a aparecer cerca de mí, literalmente a mis costados. Mis dos vecinitas, la de la casa de la izquierda y la de la derecha, murieron con sólo meses de diferencia. La que murió primero se llamaba Olga Lucía, y era un poco menor que yo. Sus padres la habían enviado a estudiar a la Universidad de Lovaina cuando terminó su bachillerato, pero apenas unas semanas después de haber atravesado el océano y haberse instalado en su nueva vida, cometió un error que resultó mortal: estando al borde del andén y en medio de un grupo de gente, adelantó su cabeza para ver si ya llegaba el tranvía, y este la arrolló en ese preciso instante. Un segundo, una distracción, un mal cálculo, y aquella chica, a la que yo conocía hacía años, pasó a ser un cuerpo embalado en el ataúd en que regresaba a casa acompañada de sus padres, que, enloquecidos de dolor, fueron a recoger su cadáver. La madre, una mujer mundana y divertida, hasta entonces católica fervorosa, sólo encontró consuelo insultando a Dios y renegando de su existencia. Yo, que ya había dejado de creer en él, hallé razonable su furia. Poco después, la bolita que le apareció a Cecilia María, mi vecina de la izquierda, entre los senos y el cuello, fue diagnosticada como cáncer. Cáncer de ganglios. Esa enfermedad era entonces sinónimo de muerte, y así fue. Después de un rápido deterioro que la fue convirtiendo en un montón de huesos, ya no volvimos a verla. Su madre le contó a la mía que murió desangrada. Estas historias calaron en mí produciéndome un miedo insoportable. La muerte era un azar. Podía sobrevenir intempestivamente, como una tormenta de verano. Ser despiadada. Inesquivable. No sabía que en cierto momento yo iba a desearla.

* * *

Cuando nos habita un desasosiego crónico, este va cambiando de naturaleza, como la comida reciclada de mi madre para evitar el desperdicio. Después de la muerte de mis vecinitas, mi ansiedad tomó otra forma: la de la hipocondría. Recorría con los dedos las axilas y las ingles buscando nódulos, ganglios inflamados, alertas de tumores en crecimiento; vigilaba mis lunares por si empezaban a crecer; estaba convencida, ahora ya no sé por qué, de que el día en que me diera cáncer iba a ser en la garganta. La suerte quiso que encontrara un médico que me creía todo. Era joven, pálido, dulce, una especie de eunuco inofensivo que me oía siempre con la misma atención, como si todo lo que le contaba fuera real. Y en ese juego pasamos varios años. Ante mis alarmas, él reaccionaba con una seriedad aterradora, sin mostrar la más mínima duda. Me examinaba con la seguridad de que iba a aparecer el mal anunciado, me ordenaba exámenes, y luego, al ver los resultados, los dos respirábamos aliviados, y nos despedíamos felices. Hasta la próxima vez.

* * *

La hipocondría, dice la psiquiatría, es un tipo de neurosis, una atención obsesiva al más mínimo síntoma del cuerpo, que se interpreta como un indicio de enfermedad y se puede ir agrandando en la imaginación hasta convertirse en una inquietud que nos devora. Una consciencia abrumadora de que somos cuerpo, y una rebelión amarga frente a la muerte. Por un tiempo habitó mi vida, que estaba agobiada por el estrés y la insatisfacción, y luego debí cambiarla por alguna otra manía, tal vez la de escribir, que me ha salvado de tantas cosas. «El arte presupone una intensa relación con la muerte —escribe Byung-Chul Han en uno de sus libros más hermosos, *Vida contemplativa*—. El *espacio literario* se abre en el *ser para la muerte*. Escribir es siempre *escribir para la muerte*».

El caso es que la hipocondría es un mal que aqueja a muchos espíritus hipersensibles, y que ha agobiado a muchos artistas y escritores. Se cuenta que la sufrió el gran Glenn Gould, que usaba guantes durante todo el año, independientemente de qué estación hiciera, guantes que sólo se quitaba para remojar sus manos en agua durante un buen rato antes de cada concierto. El Nembutal le servía para calmar su ansiedad y para conciliar el sueño. También fue el mal del atormentado Tennessee Williams, tal vez como secuela de haber padecido una difteria que casi lo arrasa en la niñez, y de su relación con la muerte siendo chico, porque su abuelo, que era ministro de la Iglesia, lo llevaba consigo cuando iba a atender a los moribundos. Tennessee, homosexual en una época en que la homosexualidad era condenada, introvertido y adicto a las drogas, temía la hora del sueño porque imaginaba que no iba a despertarse nunca más. También temía a la asfixia, al cáncer, a la locura. Y la vida fue tan cruel con él que murió, efectivamente, cuando, deprimido por la muerte abrupta de su pareja y lleno de alcohol y barbitúricos, se ahogó con la tapa de un medicamento que intentaba tomar en la oscuridad. Woody Allen, que tampoco se salva de la hipocondría, un rasgo de algunos de sus personajes, escribió en un artículo para *The New York Times*: «Cuando salgo a caminar a Central Park o voy a Starbucks por un latte quizá pase rápidamente a sacarme un electrocardiograma o una tomografía computarizada, como medida precautoria. Mi esposa dice que es una tontería y afirma que al final todo se reduce a la genética. Mis padres fueron longevos, pero se rehusaron terminantemente a heredarme esos genes porque creían que la herencia suele echar a perder a los hijos». Y para no caer en listas exhaustivas, mencionaré sólo un hipocondríaco más: Howard Hughes, que no fue precisamente un artista, sino un empresario millonario y polifacético, por demás apuestísimo, que estaba dominado por el terror a los gérmenes, y que en razón de su trastorno obsesivo compulsivo se lavaba las manos hasta sacarse sangre. Él, que había sido un piloto aventurero, murió en medio de un vuelo, cuando era trasladado a Londres desde Acapulco en estado agónico. Había estado encerrado durante meses en uno de los hoteles donde vivió, pesaba casi cuarenta kilos, tenía una barba larga y desgreñada y las uñas larguísimas del humano que se ha abandonado a sí mismo.

* * *

La vida me ha puesto en conexión con varios escritores hipocondriacos. Uno de ellos era un mexicano exquisito y cosmopolita, que usaba saco y bufanda en Cartagena, una ciudad de treinta grados a la sombra, porque temía contraer un resfriado. Otros dos, curiosamente, son cubanos. Uno de ellos, un viejo de airosa cabeza blanca y penetrantes ojos zarcos, me declaró que tenía terror de subir las escaleras de la Universidad de los Andes, pues Bogotá, como sabemos, está dos mil seiscientos metros más cerca de las estrellas, y él venía del nivel del mar. No le faltaba razón, y, por fortuna, sí conocimiento de que al menos dos conocidos profesores habían muerto después de subir hasta sus salones de clase. Pero no había más remedio: en las alturas, cerca del cerro de Monserrate, en el restaurante de los profesores, lo esperaba el homenaje que íbamos a hacerle, y hasta allí me empeñé en conducirlo, mientras él hacía amague cada tanto de devolverse. Finalmente, de modo muy lento y afortunadamente sin consecuencias, llegamos hasta el lugar entre nubes que le habíamos programado, él pálido como la muerte que creía que lo estaba esperando y yo victoriosa pero con un poco de culpa. El otro cubano, un hombre afable y melancólico que arrastraba los pies malcalzados, se obsesionó con que el gato del amigo que lo alojaba, que le había hecho un rasguño en una pierna, tenía rabia, de modo que a media noche se hizo llevar a una clínica, pues creía sentir todos los síntomas de esa enfermedad mortal: escalofríos, debilidad y dolor de cabeza. Cuando le dieron de alta catalogándolo como un enfermo imaginario, se obstinó en que los equivocados eran los médicos, y a gritos los llamó ineptos, unos mediocres incapaces de reconocer que estaba al borde de la muerte.

La hipocondría se fue para siempre de mi vida a mediados de los años ochenta, cuando se desató por fin el chorro creativo que yo misma había cerrado, y volví a escribir poesía de manera obsesiva y dichosa, libre de cualquier expectativa de publicación y de éxito.

Contagio

Cuando llegó la pandemia, en 2020, en forma de nube tóxica y amenazante, me encontró convertida en la mujer que soy ahora, templada por el dolor de haber perdido un hijo, y, sobre todo, de haberlo acompañado con un silencio atento en los diez años que tuvo de sufrimiento. La orden de reclusión llegó, además, en un momento en que estaba deseosa de tiempo libre, de parar el movimiento continuo al que nos obliga en estos tiempos el oficio de escritor, un ir y venir que a la vez nos estimula y nos agobia, porque nos mantiene dando vueltas como un hámster en su rueda. Sin embargo, lo mismo que muchos, viví la pandemia como un esfuerzo cotidiano por no sucumbir al miedo a la enfermedad y la muerte y al desaliento del encierro, que se prolongaba indefinidamente, como en un mal sueño.

Es increíble la capacidad que tenemos, como especie, de olvidar los tiempos oscuros. O al menos de confinarlos en el rincón de las telarañas. Hoy ya nadie habla de esos veinte meses atravesados por el desasosiego y por la renuncia obligada a la cercanía de los seres queridos y también de los otros, de la gente en las calles que hace que nos sintamos parte de un sistema vivo. O cuando hablamos de ese tiempo lo hacemos con frases cortas y emotivas, que quieren rápidamente pasar a otra cosa. Yo vuelvo la mirada a esos días y lo que rememoro son sensaciones brumosas: la de flotar en un presente eterno, donde la memoria se agigantó y el futuro era apenas el día siguiente; y la de estar en manos de dos amos perversos, uno invisible e indiferente, la naturaleza, que nos zarandeaba como una madre enojada, y otro odioso y difícil de eludir, el autoritarismo de aquellos que se crecieron como monstruos tiránicos, nos recluyeron en un mundo de prohibiciones de todo tipo, y nos aniñaron o nos culpabilizaron de un pecado que no habíamos cometido.

Ahora nos reímos recordando los exabruptos a los que fuimos sometidos, pero en los días de confinamiento la incertidumbre y la rabia se juntaron muchas veces. Tuvimos que cumplir órdenes tan delirantes como usar tapabocas aunque fuéramos solos al volante de nuestros automóviles, que eran sometidos a la ducha implacable de los desinfectantes, como si en su carrocería se albergara el virus amenazante. En el campo, vi a campesinos solitarios que trabajaban la tierra de sus parcelas llevando mascarillas, porque los alcaldes amenazaban con multas a los que vieran respirando libremente el aire de sus lugares remotos. Esos mismos alcaldes volcaron toneladas de piedras en los caminos para impedir el paso de los automóviles y profundizar el confinamiento, de modo que enfermos graves y mujeres a punto de parir tenían que desplazarse a pie o dar largos rodeos para llegar a los hospitales. Los esposos que habían dormido juntos la noche anterior debían caminar a distancia y negar que se conocían si se enfrentaban con las autoridades. El mundo se convirtió en una enorme cárcel en cuyas celdas la gente se marchitaba, se agredía, o hacía esfuerzos cotidianos para no sucumbir a la desdicha, al miedo, al desasosiego, a la locura. Nunca antes la humanidad entera se sintió tan vulnerable y vulnerada.

Jamás me dio covid, pero todos los días tuve molestias estomacales. Desde mi adolescencia, cuando pienso en mi aparato digestivo veo un enredijo de tripas, unas paredes laceradas y frágiles, un pequeño monstruo hinchado que se retuerce porque está condenado a sufrir. Mis intestinos son el cordón umbilical que me une a mi abuela, a mi madre, a mis hijas, todas ellas sufrientes del mismo mal. Pero también me asolaron múltiples y pequeñísimos males, todos extraños, inexplicables. Llamas en el paladar, brotes en la piel, las tripas hechas un nudo eterno, ardor en las yemas de los dedos. Era mi cuerpo otra vez gritando su tristeza, como a los trece años. Y el *tinnitus* de siempre convertido a veces en un concierto cósmico, o en el golpeteo incesante de las aguas marinas contra las paredes de mi cerebro, o en una sirena aguda que venía a unirse a las sirenas de las ambulancias. Desde ahí se profundizó para siempre, hasta el punto de hacerme sentir, en las noches, que vivo en el fondo de una de esas caracolas enormes con las que trancaban las puertas en la casa de mi infancia.

* * *

En pandemia, para conjurar la soledad, el aislamiento, la nube de pesadumbre que traían las noticias de miles de muertes, todos quisieron tener perro. Yo no, pero sí mis nietas, Carmen y Julia, cuyos padres querían aliviarles los traumas del encierro. Fue así como llegó a su casa un adoptado, Lilo, una bolita de pelos blancuzcos que alguien encontró en la autopista errando al lado de un perro enorme, su compañero de vagabundeo. Lilo venía, a pesar de su edad bastante imprecisa, pero sin duda aún temprana, con una carga de males. Lo primero que padeció fue el duelo por haber sido separado de su amigo, del que se fue reponiendo muy lentamente, pero que lo tuvo inmóvil y sin comer más de una semana. Cuando ya empezaba a dar muestras de superar su depresión, le empezaron los vómitos y fue diagnosticado con gastritis crónica. También a los animales les hacen mella la ansiedad y la tristeza. Y desde entonces sufrió de males estomacales, con crisis breves pero recurrentes, la huella implacable de quién sabe qué maltratos, hambres y abandonos.

La pandemia empezó a retirarse cautelosamente. Algunos se lanzaron a la calle con alboroto, otros persistieron en sus tapabocas y en la costumbre del encierro. Entonces Carmen y Julia, a sus seis y nueve años, tuvieron un doble enfrentamiento con la muerte. El primero fue con la de Lilo, que fue atacado por una enfermedad mortal en los animales y amenazante para los humanos, porque es fácilmente contagiosa: brucelosis. Mientras se decidía si lo sacrificaban nadie podía tocarlo sin guantes, pues había que tomar toda clase de precauciones. La peste que antes era una amenaza en el aire para todos entró a su casa de una forma doméstica pero igualmente intimidante. La pequeña no quería acercársele, y acudía al gel al menor contacto. La mayor entró en un duelo anticipado, y quiso asistir al momento de su sacrificio y encarar su muerte. Para paliar su dolor acudió a un ritual íntimo: hizo un pequeño altar conmemorativo con las fotos de Lilo. Cada uno vive una muerte cercana apelando a sus recursos. Conjeturo que la pequeña sintió alivio, como les pasa a los dolientes que han sufrido mucho con el dolor de sus seres queridos, que ven su deceso como un descanso para todos.

Ya la pandemia había enturbiado la paz de su niñez con el descubrimiento de que la muerte puede amenazar a toda la humanidad al mismo tiempo, cuando la pérdida de Lilo la convirtió en algo propio, familiar y doloroso. Les esperaba todavía otra constatación de su cercanía, más brutal aún que las anteriores.

* * *

«Voy a morir mañana». Pocas personas pueden pronunciar esa frase. O repetírsela incesantemente en su cabeza. Los reos condenados a la horca o a la silla eléctrica. Tal vez algún suicida que haya planeado todo cuidadosamente. Y los que han escogido la eutanasia. Esto último fue lo que hizo la mejor amiga de mi hija Camila, con la que mis nietas habían pasado muchas temporadas.

El domingo 6 de febrero de 2022 todos los que estábamos enterados de su decisión estuvimos agobiados por una tristeza a la que se unía una sensación de incredulidad: mañana a las diez, nos decíamos, va a morir Marcela. Los médicos usan una expresión aséptica, como les corresponde: el procedimiento. Le harán «el procedimiento». Con profesionalismo, discreción, sin sufrimiento. O tal vez con uno sólo, pero inmenso, el de saber que nunca volvería a ver a su esposo, a su hermano, a sus hijos adolescentes.

Marcela Villegas era una escritora que tenía ya un premio de novela, y que a sus cuarenta y cinco años se proyectaba como una voz interesante en el panorama de la literatura nacional. Todo fue como siempre es: abrupto, sorpresivo. Una visita de rutina al ginecólogo en 2018, como cada año, el anuncio de su médico de que ve «una cosita que no me gusta», más chequeos, y el diagnóstico de un cáncer de ovarios muy agresivo que, según le anunciaron con honestidad, la haría padecer al menos dos años, pero con alguna posibilidad de cura. Se haría lo posible.

Ningún antecedente familiar. Tampoco un descuido, ni malos hábitos. Sólo eso que llamamos azar, o destino. Marcela escribió su testimonio para una revista: «Llego a mi casa, me miro al espejo y me reconozco. Salvo las lágrimas es la misma cara. Soy yo, a años de distancia de la mujer que salió de su casa esta mañana. Este cuerpo que se descompone en silencio hace meses, tal vez años».

Luego una lucha feroz, valentía, esperanzas que morían cada tanto cuando comprobaba que ningún tratamiento fructificaba. Tres años más tarde, la rendición. Colombia es uno de los pocos países del mundo donde la eutanasia es legal, y Marcela se decidió por ella, dada la perspectiva de inmensos dolores y una muerte segura. Regresó al país después de haber vivido muchos años en el exterior, se instaló con su familia durante una semana en un apartamento alquilado donde nada le pertenecía, con ventanales grandes que le permitían ver el mundo del que se despedía. Y el penúltimo día se trasladó a la casa que le prestó una amiga, para que su muerte fuera discreta y no molestara a sus vecinos.

Todo ahora es cuenta regresiva. Despedida de sus amigos. Camila la acompaña muchas horas. Los dos últimos días Marcela los vive en intimidad, acompañada de su esposo y sus hijos. Pienso en la aceptación. En el llanto, en la consciencia de la oscuridad que le espera. En la entrada del médico, en su despedida. En lo que pensó y sintió en sus últimos momentos la valiente Marcela, que en una entrevista meses antes había dicho que lo que más querría sería vivir.

* * *

En *Cuál es tu tormento*, Sigrid Nunez cuenta cómo una amiga que está diagnosticada como enferma terminal le pide un último favor. ¿Que le ayude a morir? Sigrid se asusta. Pero no es eso. Su amiga sólo quiere buscar un lugar para sus últimos días, donde pueda estar en paz. «Creo que será más fácil prepararme —centrarme en dejarme ir— si en ese lugar no estoy rodeada de cosas íntimas, familiares, todo eso que te recuerda los vínculos y demás». Sigrid le pregunta si lo que desea es que le ayude a buscar ese lugar. No, no es eso. Lo que necesita es que alguien esté allá con ella. «Me refiero a que se trata de una nueva aventura: ¿quién puede saber cómo será realmente? ¿Y si algo sale mal? ¿Y si *todo* sale mal? Necesito saber que hay alguien en la habitación contigua».

Lean ese libro, amigos lectores. Y ese relato, maravillosamente conmovedor. Sólo les adelanto una frase de la amiga condenada a morir, que retrata quién fue: «Te prometo que haré que sea lo más divertido posible».

De dónde vienes

Una ética calvinista

¿Será verdad que nos convertimos en lo que hacen con nosotros? ¿O le creemos a Sartre cuando escribe que lo importante es lo que hacemos con lo que hicieron de nosotros?

En nuestra casa, *ser gente* empezaba por tener modales. Y las reglas eran estrictas. Estaban las básicas: masticar con la boca cerrada, no eructar ni echarse pedos, no subir los codos a la mesa, no hurgarse la nariz, lavarse las manos antes de pasar al comedor, saber coger los cubiertos. Y luego venían otras, menos obvias, que mi madre tenía como sagradas: no comer en la calle, no cortarse las uñas sino en lugares muy privados, como la alcoba o el baño, hablar pasito, no señalar ni con el dedo ni con la boca. Nuestro padre tuvo siempre una propensión al asco, algo que los médicos señalan hoy como relacionado con los trastornos de ansiedad —¡y él sí que era ansioso!— pero también con la evitación de la enfermedad, lo cual tal vez explique todo, porque siendo un adolescente estuvo a punto de morir de tifo. Así que después de lavarse las manos pasaba a la mesa con los puños cerrados, como temiendo contaminarse por el camino; tenía otras costumbres, sin embargo, que a mi madre le parecían horribles pero que aceptaba resignadamente, como sonarse con un pañuelo de tela, aun cuando ya existieran los de papel, algo que también debió hacer renegar mil veces a las empleadas que, durante años, tuvieron que lavarlos. Había otras creencias extrañas que alcanzaron a perseguirnos durante toda la adolescencia: que si uno se bañaba estando lleno podía morirse, y que tampoco era sano bañarse con gripa o cuando se tenía la menstruación. También que el pelo tenía que cortarse sólo en luna creciente, «para que pelechara». Y algunas otras cosas, algo más esotéricas, que mi madre consideraba supercherías propias de gente ignorante.

Al lado de las buenas maneras estaban los mandatos éticos, que no podían ser transgredidos porque se consideraban faltas gravísimas: no oír detrás de las puertas, jamás leer una carta destinada a otro, devolver las vueltas exactas, no tomar nada de lo ajeno, no hablar mal del prójimo y, sobre todo, no decir mentiras. «El que es mentiroso es ladrón», repetía nuestra mamá como si fuera una sentencia bíblica. Un día mi hermana, muy pequeña todavía, llegó de la calle con un rosario de cuentas tornasoladas. ¿Quién se lo había dado? ¿Cómo había podido conseguirlo? El interrogatorio fue exhaustivo, implacable, acompañado de amenazas. Con lágrimas en los ojos la interrogada terminó aceptando que lo había cogido del estante de una papelería. Allá fue obligada a volver, acompañada de un adulto, a devolverlo y a pedir perdón por su delito. La humillación y la vergüenza como escarmiento.

* * *

Fuimos criados en la obediencia, la forma doméstica de llamar a la sumisión. La autoridad no se cuestionaba. Porque su papá es el que manda. Porque lo digo yo. Porque los adultos son los que saben. Si la maestra decía que el castigo era escribir quinientas veces *hay que obedecer* había que trasnocharse haciendo «la plana», como la llamábamos. Nadie se planteaba la estupidez de ese ejercicio. Las monjas siempre tenían la razón. Si la empleada se quejaba, se le creía a la empleada. Extrañamente no nos volvimos taimados ni hicimos de la mentira nuestro reino, como era de esperarse, pero dentro de mí el deseo de rebelión empezó a crecer como una planta espinosa, en las tripas, primero, cuando todavía me plegaba al orden sin atreverme a protestar, y después en el corazón, el lugar donde la libertad echa mejor sus raíces.

Ni mi padre ni mi madre estaban hechos para el placer. Todo estaba teñido en nuestra casa de un rigor de leño. Los dos fueron criados en la ética calvinista del trabajo, que combinaban armónicamente con la visión católica del bien, que consiste, en su versión más positiva, en hacer buenas obras y ser misericordioso. A cada niño se le daba una moneda para que la depositara en la jícara que pasaba el sacristán. Madrugar, ser puntual, ahorrar y no perder el tiempo eran los mandatos más básicos en esa sociedad premoderna, unidos a una austeridad que los hijos interpretamos como tacañería cuando llegamos a la adolescencia. El dinero era mirado con ambigüedad: se lo quería y a la vez se lo despreciaba. La comida era, sin duda, el placer que más se disfrutaba en nuestra casa. Aun en los tiempos malos la mesa se llenaba con curiosidades que cocinaba mi madre, que copiaba toda clase de recetas con su hermosa letra líquida en un fólder argollado. Trasnochar era una idea que les aterraba a mis padres, pues la asociaban con vida licenciosa y vicios inconfesables; y a eso se sumaba —y se sumó siempre en su caso— un repudio profundo por el alcohol. Y eso en una tierra de borrachos como es Colombia y es Antioquia. En el caso de mi padre fue, según supimos, porque su primera borrachera fue un desastre tal de vómitos y descomposición que quedó curado de por vida. Y en el caso de mi madre, porque siempre cargó con un doloroso recuerdo: el de mi abuelo, aquel hombre bonachón y un poco taciturno que yo conocí siempre tan sobrio en su vejez, que en los tiempos de juventud entraba dando tumbos por el corredor de su casa, golpeándose con los muebles y causando estropicios, hasta que lo recibían los reproches de mi abuela, que llegaban con su estruendo de furia hasta los oídos de esa niña dolida que se tapaba la cabeza con las cobijas.

Las fiestas en nuestra casa, pues, eran escasas. Si acaso pequeñas reuniones para celebrar un bautizo, o la noche de Navidad, en la que siempre abundaron los regalos. Pero los cumpleaños no se celebraron sino hasta que los hijos ya mayores impusimos la costumbre. En las vacaciones tampoco era corriente que fuéramos de viaje. Algunas veces nos enviaban a la casa de algún tío en otra ciudad, pero estos eran casos excepcionales. Al cuerpo se le temía. A la desnudez. Al contacto. Y en esa misma línea de ascetismo, de rigor y severidad, las caricias eran escasas. Y también la expresión directa del cariño. Ahora oye uno en todas partes, en los aviones, en las calles, que alguien grita por el teléfono: «¡Te amo!». Como a Jonathan Franzen, que hace en un ensayo un elogio de la contención, esa expresión me parece estentórea, artificiosa. En español suena a mala literatura. El amor por los hijos, pues, no se verbalizaba. Se manifestaba de otra forma: algún elogio, compañía, muchos cuidados.

La pereza era el pecado capital que más encarnizadamente nos combatían. Mientras los hombres se jactaban de ser trabajadores incansables, fuera y dentro de casa —donde cambiaban bombillos o arreglaban los electrodomésticos—, las mujeres adultas vivían dedicadas a quitar el polvo de los rincones más insólitos, a hacer postres y galletas y a bordar y a tejer. El mandato era «no tener nunca las manos quietas». Pero a eso no se lo llamaba trabajo ni se relacionaba con lo que hoy llamamos eficiencia o productividad. Arraigaba más bien en la idea cristiana de que el tiempo de ocio es perverso, pues puede llenarse de malos pensamientos, de chismes y de envidias. Mi hermana y yo éramos entrenadas en pequeños oficios: lavar el lavamanos con mucha agua y jabón, sostenidas en un banquito, o barrer algún corredor, después de ser entrenadas sobre cómo coger la escoba. Yo adoraba limpiar las entrañas de la máquina de coser de mi madre, armada de una agujita que me permitía recoger las motas. Eran, se supone, tareas formadoras. Mis hermanos, en cambio, no hacían nada. Nada de nada. Eran hombres, estaban destinados a mandar.

Nunca vi pelear a mis padres, aunque a veces sentía el aire tirante de alguna dificultad entre ellos. Pero durante toda mi niñez y mi adolescencia arrastré como un peso la condición neurótica de mi padre, un hombre nervioso, impaciente, a menudo intolerante, con un sentido de la responsabilidad que lo agobiaba y nos agobiaba, porque nada podía fallar. Yo temía sus estallidos, pero más aún sus angustias y sus miedos. Aquellas aprensiones suyas nos marcaron a mis hermanos y a mí, a cada uno en forma distinta. Las mías han sido como pieles que me he ido arrancando con dificultad, a costa de exponer a la intemperie mi carne viva.

* * *

Conquistar el placer que se nos ha escamoteado desde niños, deshacernos del constreñimiento, de la consciencia culposa por gozar del ocio, del mandato del superyó que nos dice que todo debe ser rigor y orden, soltarnos a la noche sin ponernos una línea roja, puede llevarnos toda la vida. En esta tarea, que me propuse cuando vi aflorar los resultados de latigarme sin piedad, me ha ayudado esa otra que ha estado allí desde que nací, a la que mi madre le reprochó siempre la imprudencia, la descreída que detesta la pompa, la prosopopeya, la solemnidad, la adolescente que se escapaba de la casa y se peleaba con el autoritarismo. Las dos hemos dado una batalla a muerte, pero hay nudos que nunca logras desatar. De la educación que recibí me queda la repugnancia, no por el alcohol, sino por los borrachos. No me divierten. Me exasperan sus ojos bovinos, sus bocas babeantes, sus traspiés y sus impulsos agresivos. Quizá sea esto una última manifestación del miedo que siempre he tenido a perder el control que impone la vida social. Porque en otros terrenos, más íntimos, los de las pasiones o las obsesiones, siempre me ha amenazado el fuego de la desmesura, que puede terminar convirtiéndonos en ceniza.

* * *

Dice la Biblia que en el principio fue el verbo y en mi infancia también lo fue. En nuestra casa hubo siempre un culto por el lenguaje. Mi madre se burlaba en voz baja, con desdén aristocrático, de los que decían *quizque* o *dentrar*, señal de que *no les han enseñado ni eso*. El caso es que nos exigían que habláramos «bien». Eso quería decir pronunciar correctamente, respetar la gramática, tener un vocabulario amplio. Y, por supuesto, teníamos prohibido decir «groserías», incluidos los inofensivos *carajo* o *pendejo*, que hacían que de inmediato nos llamaran al orden, tildándonos de boquisucios. Así que apenas tuve un poco de independencia, con la misma alegría con que los niños celebran las obscenidades y las porquerías, yo me dediqué a decir «malas palabras», una decisión que se reforzó cuando entré a la universidad y me encontré con la moda libertaria de incluir al menos una en cada frase.

Mi madre era un compendio de anacronismos, que usaba de la manera más natural. De ellos el que nos resultaba más divertido era la expresión afirmativa «ello sí», que según el *Diccionario panhispánico* de la lengua es la «forma neutra del pronombre personal tónico de tercera persona del singular», y «procede del demostrativo neutro latino *illud* y su correspondiente átono *lo*». Cuando leí el *Quijote* me sorprendió encontrar numerosas palabras usadas por mi madre, y entre ellas una extrañísima, que le servía para nombrar a una persona que está quieta y estorbando en algún lugar: *estafermo*. Estaba ya en la universidad cuando me interesé por descubrir su significado, y supe que es un muñeco del tamaño de un hombre que los caballeros medievales usaban en los entrenamientos para los torneos donde se jugaban la vida usando sus lanzas. No me extraña. Nuestro pueblo, rodeado de montañas, estuvo, como Macondo, en aislamiento casi total desde que fue fundado en 1838 por el sacerdote José Santamaría y Zola, español procedente de Málaga, España, hasta que se hizo un aeropuerto, en tiempos del general Rojas Pinilla, que permitió un cierto flujo de gente forastera. Fue así como se preservó el habla anacrónica de mi madre que a los hijos nos hacía tanta gracia.

Crecí pensando que mi padre tenía un lado intelectual. Había sido corresponsal de un periódico, era muy curioso y estaba lleno de datos, había conformado una pequeña biblioteca y sabía poemas de memoria. Por eso me sorprendió enterarme de que mi decisión de estudiar Filosofía y Letras no sólo le parecía una inutilidad, sino una tragedia. Eso ¿para qué podía servir? No se iba uno a gastar varios años y muchos pesos para dedicarse a divagaciones. Además, los escritores y los filósofos eran todos comunistas. O muertos de hambre. Ese pensamiento era generalizado entre la pequeña burguesía que constituía mi entorno. Cuando el papá de Raquel, mi vecina, que estudiaba Ingeniería, supo que yo —que le había ganado la pelea a mi padre, pero todavía tenía abiertas las heridas de nuestros enfrentamientos— estudiaba Filosofía y Letras, comentó, con una sorna que se me clavó como un dardo envenenado: «Un bonito adorno».

Como bien se sabe, la palabra nos constituye. Es posible que para mis padres el «buen» uso del lenguaje estuviera puesto principalmente al servicio del orden y fuera moldeado por una moral parroquial, y que en su respeto por la palabra pueda rastrearse algo de eso que hoy llaman un deseo aspiracional. Pero de su relación tan consciente con las palabras, de su gusto por la elocuencia y de su cruzada por el buen decir vino mi pasión por el lenguaje, ya no sólo en su forma más obediente y normada, sino en su capacidad infinita de decirlo todo —o casi todo— rebelándose contra su propia lógica.

¿Y usted quién es?

No tenía más de siete años cuando comprendí que en mi pueblo todo el mundo se sentía mirado. Los adultos salían a la iglesia, a la tienda, al parque, sintiendo sobre ellos los muchos ojos de las viejas en las ventanas, de los vecinos que juzgaban cada cosa y, sobre todo, de los enemigos, un nombre para los envidiosos o los malquerientes. Así que desde siempre oí hablar del «qué dirán». Cuidado con *elquédirán*. Sobre cuestiones morales, por supuesto, pero también sobre todo lo que rebasara lo esperado. La mujer que «se la pasaba callejeando», el tipo al que habían visto en el barrio de tolerancia, la joven que montaba a caballo con las piernas abiertas. Esa señora que estaba fumando en la calle. Aquella que se emborrachó en el bazar con el vino de consagrar. La que iba muy maquillada. La que hablaba demasiado duro. Porque el «qué dirán» afectaba sobre todo a las mujeres, escudriñadas y juzgadas por los hombres, pero también por otras mujeres. Aquella amenaza del juicio ajeno me ha perseguido desde entonces como una sombra. Ya no me amedrenta ni me limita, pero no dejo de sentir, desde que me acuerdo, un par de ojos imaginarios clavados sobre mí, incómodos e irritantes, como los de ese Dios que nos veía incluso cuando nos ocultábamos debajo de las cobijas.

Pero había algo mucho más hondo, denso, como esas aguas negras que pasan por debajo de las calles, cuyo olor alcanza a escaparse por las alcantarillas, que era asumido por el pueblo entero como un destino: no todos éramos iguales. Estaba «la gente bien» y la otra, que no tenía nombre. No era una cuestión de dinero, sino de algo etéreo, vago, incomprensible para un niño, que en la práctica no se vivía como una confrontación —pues no tuve nunca evidencia de un trato violento, ni siquiera rudo, hacia el «distinto»— sino como el resultado natural de una inapelable sentencia divina. La crueldad inherente a la exclusión era dulcificada por el paternalismo, que «los de arriba» ejercían con una condescendencia que era la forma de disimular el desprecio. En mi pueblo se discriminaba a la gente por los apellidos, sin que hubiera una ley clara que explicara por qué este sí o este no. No quiero repetir aquellos que hacían a sus portadores personas de segunda clase, pero ahora que mi memoria los repasa no encuentro que el estigma proviniera de que fueran apellidos propios de las etnias discriminadas desde siempre. Eran de origen tan español como los nuestros, pero estaba claro que no clasificaban para estar en la parte alta de la pirámide social. Muchas veces a lo largo de la vida oí preguntar por el apellido como forma de ubicar a alguien en el estricto orden imaginario creado por el clasismo ancestral de los colombianos. ¿De qué Sánchez es? De los de esta región o la otra, era una pista, como de qué colegio saliste, en qué universidad estudiaste, qué hace tu padre.

No se crea que ese clasismo sólo existía en mi remoto pueblo feudal. Desde mi adolescencia iba a verlo también en Bogotá. Cuando terminamos la primaria, mi mamá quiso sacarnos a mi hermana y a mí del colegio regentado por monjas en el que estudiábamos porque, según ella, «no estábamos aprendiendo nada». Algo que, me temo, era verdad. Entonces fue con mi padre a solicitar un cupo a un colegio también de niñas pero que para mí tenía una virtud fundamental: no era de monjas. Lo dirigía una de esas señoras bogotanas aristocráticas de gestos pausados y faldas de paño escocés que hablan entre dientes, con susurros. La imagino examinando la ropa de mis padres, tal vez vestidos de manera excesivamente formal para la cita —mi padre con su corbatín y sus tirantas, que le daban un aire excéntrico, mi madre con su ropa de corte clásico—, tratando de medir cuánto habría en ellos de provinciano, de falta de *roce social*. De cuáles Bonnett, habrá preguntado, ¿de los de la costa, de los que tenían almacenes en la plaza de Bolívar, de los de una ene y una te? Mis padres recibieron días después, sin ningún aspaviento, la notificación de que no clasificábamos para ese plantel de élite y buscaron otro de monjas españolas. No creo que nos hubiéramos perdido de nada. Como dice uno de los personajes de Wilde, lo que nos hace falta después de salir de la escuela —sea de ricos o de pobres— es tiempo para desaprender lo enseñado.

A aventurar

Con la firmeza silenciosa que tuvo siempre, mi madre había convencido a mi padre de que nos instaláramos en Bogotá para que no nos criáramos como *unos montañeros*, y para estar más cerca de mis abuelos, que ya se habían venido. Llegamos, pues, en el 59, a su apartamento en Teusaquillo, desde el que veíamos cómo se ocultaba un sol mucho más grande y rojo que el de nuestro pueblo, un sol que teñía las nubes de increíbles resplandores naranja y violeta. Mi mamá repetía que en su vida jamás había visto atardeceres así, y sus palabras parecían reforzar la idea de que *aquí* todo, todo, hasta el color del sol, era mejor que *allá*. Mi abuelo me sacaba a pasear por las amplias calles del barrio, bordeadas por árboles de hojas temblonas, que se teñían de esa luminosidad única de la ciudad, plateada en las tardes opacas y de un dorado alegre cuando el cielo estaba despejado. Y siempre, siempre, heladas. Aquel hombre grande y pesado, de gafas de aros de carey y pantalones con tirantas, tuvo siempre un nimbo de tristeza que se acrecentó al llegar a Bogotá, donde sintió desde el primer día nostalgia de su pueblo, en el que había ejercido durante años como notario. En su mesita de noche se apilaban un montón de libros, que según se rumoraba eran todos prohibidos, porque estaban en el *Index librorum prohibitorum*, cuya última edición fue de 1948, y que informaba a los feligreses católicos qué autores no se podían leer. Anatole France, André Gide y Sartre tuvieron el honor de estar en esa lista.

A mí me encantaba la idea de que mi abuelo fuera un impío, un hereje, un contradictor de la Iglesia. Eso le daba un aura de hombre rebelde que me seducía. En cambio, me molestaban las imposiciones de mis tíos, que nos regulaban la comida y nos mandaban callar. Por eso viví como una liberación que nos emancipáramos, meses después de haber llegado, de una manera casi épica. Y es que nuestro padre había conseguido un empleo en la empresa de un grupo que empezaba a ser poderoso. O ya lo era, no lo sé. No hace tanto me contó cómo lo obtuvo. Después de entrevistar a aquel hombre casi autodidacta, el gerente le ofreció un sueldo que, según los cálculos de mi padre —un hombre práctico, con los pies en la tierra—, no le iba a alcanzar para cubrir los gastos de la familia. Entonces, del tímido que siempre fue emergió una audacia que jamás le habíamos conocido, y que lo llevó a hacerle a su posible empleador una propuesta insólita: trabajaría dos meses gratis, y si el trabajo era de su agrado, esperaba que le pagara la suma que él creía que necesitaba. Y así fue. Mi padre trabajó allí muchos años, muchísimos, y se convirtió él mismo, con el tiempo, en el reemplazo del gerente que lo recibió.

Unos meses después de estar trabajando llegó con la noticia. Acababa de comprar una casa equipada «con todo». ¿Con todo? Los niños abrimos los ojos con deslumbramiento. ¿Con televisión?, preguntamos, porque un televisor era nuestra ambición suprema. La televisión había llegado a Colombia en 1954, hacía seis años, y sólo tenían televisores las familias acomodadas. Nuestros abuelos no. Su entretenimiento era la radio, y para mi abuela, las radionovelas, que oíamos juntas a las cinco de la tarde, y que me fascinaban con su truculencia y su cursilería. Y con sus efectos especiales: puertas chirriantes, sonidos de llaves, pisadas en los escalones, motores de carros y despegues de aviones.

* * *

En los matrimonios tradicionales de aquella época, el padre era casi siempre el único proveedor, el que cargaba con las obligaciones económicas. «La larga década de 1950, que en Estados Unidos se extendió desde 1947 hasta comienzos de la década de 1960 [...], fue un momento único en la historia del matrimonio —escribe Stephanie Coontz—. El consenso cultural de que todos deberían casarse y formar una familia en la que el marido se hiciera cargo de la manutención fue como una aplanadora que acabó con toda opinión alternativa. A finales de la década de 1950, hasta las personas que habían crecido en sistemas familiares completamente diferentes llegaron a creer que el casamiento universal, a edad muy temprana, con el propósito de formar una familia con un marido proveedor era la forma tradicional y permanente del matrimonio». Mi padre sostenía la familia con un esfuerzo que a veces lo volvía irritable o le provocaba crisis de nervios. Mi mamá —que había dejado su trabajo de maestra obligada por la convención y los prejuicios masculinos— ayudaba como podía, haciendo tortas para vender, manejando con austeridad el presupuesto, rehaciendo pantalones y chaquetas con parches de tela en rodillas y codos.

Hoy, esa casa del barrio Sears que mi padre pudo comprar endeudándose hasta los tuétanos, es sólo una casita de dos plantas, de frente estrecho, con un jardín delantero en el que habían plantado unas humildes flores color fucsia que no volví a ver nunca más, y que en internet llaman higuera de Hottentot; pero lo que los niños vimos al entrar por primera vez fue un lugar fabuloso, acogedor, con sus pisos de madera y una escalera empinada que nos llevaba a las habitaciones y a un patio cubierto por un techo de vidrio que mi madre decidió llamar simplemente «la marquesina». Unos gringos que se devolvían para su tierra, los señores Tremato, se la habían vendido a mi padre con su nevera, su tostadora, su máquina de hacer helados, sus ollas y sus jarrones, y sus muebles sencillos y prácticos, sus almohadas de plumas y hasta una despensa llena de harina para *pancakes* y chocolate en polvo y otras delicias que no habíamos visto jamás. Mi hermana y yo teníamos unas camas gemelas con un hueco en la cabecera que albergaba un radio despertador que a las seis de la mañana emitía *Lo que pasa en Cuba*, un programa donde un locutor con voz altisonante daba múltiples ejemplos de los horrores del comunismo. En la sala estaba la vieja radiola alemana color caoba, de teclas y botones de hueso, que todavía hoy permanece en la casa de mis padres como una reliquia. Y en la salita auxiliar, en el segundo piso, imponente sobre sus patas *art déco*, el televisor con sus antenas marcianas, que movíamos con desesperación cuando la señal hacía que una lluvia insoportable se llevara las imágenes de *Lassie* o de *Yo quiero a Lucy*.

Lo que con más cariño recuerdo de aquellos tiempos de mi niñez es el olor a las tostadas recién hechas y el vapor del chocolate a la llegada del colegio, que inaugurábamos con la misma pregunta, siempre: «¿Mi mamá está?». Y lo que mi memoria revive como un tormento, la consciencia de una escasez que es difícil de precisar. Todo estaba ahí: comida sencilla pero sabrosa, ropa limpia, aunque tal vez camisas con coderas o con el cuello volteado del revés. Cuadernos, revistas por suscripción, un curso de dibujo que tomaba por correspondencia. Pero existía una consciencia permanente de que había dificultades económicas, sacrificios, necesidad de ahorrar. Y de vez en cuando se desataba alguna pataleta paterna, un castigo por haber perdido algo, por no cuidar, por desperdiciar.

Allí, en esa casa que hacía sentir orgullosos a mis padres, donde nos parecía que todo olía a nuevo, nació mi hermano menor. Pero antes mi madre tuvo una pérdida, algo que sólo entendimos tiempo después porque todo lo que tuviera que ver con procreación estaba en nuestra casa rodeado del más profundo secretismo. Si no estoy mal, ese era el cuarto embarazo de mi madre, y la pérdida se la originó —pero tal vez me lo esté inventando— una caída por las escaleras, que estaban siempre relucientes después de limpiarlas compulsivamente con cera. Luego quedó embarazada de nuevo. No sé si por no ilusionarnos, o por alguna otra razón, nadie nos anunció aquel acontecimiento, pero la poca malicia que nos acompañaba en ese tiempo hizo que empezáramos a sospechar que algo raro estaba pasando. Entonces nos dedicamos a comprobarlo. Cuando nuestros padres salían, al mercado o al cine, nos dedicábamos a abrir cajones buscando evidencias. En los cajones altos de una cómoda encontramos, como quien descubre los rastros de un asesinato, camisitas, pañales y biberones, y nuestro hallazgo nos llenó a la vez de euforia y de culpa. Así que pactamos no decir nada, y nos mostramos impasibles durante meses mientras la barriga de nuestra madre se hacía enorme, hasta el día en que hipócritamente fingimos sorpresa cuando ya no tuvieron más remedio que revelarnos la verdad hasta entonces oculta.

* * *

El peso de la clase social en la que nacieron ha ocupado a muchos escritores. A Didier Eribon en *Regreso a Reims*, a Annie Ernaux, que describe el mundo rudo, vulgar, un poco sórdido de sus padres tenderos. Y a Édouard Louis, discípulo literario de los dos, que se queja de la sordidez de su entorno donde *en las comidas sólo había patatas fritas, pasta, muy de tarde en tarde arroz y carne, filetes rusos congelados o jamón, del supermercado de superdescuento.* Y de la violencia de su padre, que *comía directamente de la fiambrera, como los animales.* Eribon es especialmente explícito y descarnado cuando habla de cómo quiso escapar —y escapó— del mundo obrero que le resultaba insufrible, de sus bromas vulgares y sus violencias machistas, y de cómo se hizo «un tránsfuga de clase». «Al poco tiempo, todo nos diferenciaba, desde la manera de vestirnos o peinarnos hasta la manera de hablar o pensar». Otros muchos, en cambio, han recreado su crianza en mundos cultos y exquisitos, como Nabokov o Amélie Nothomb. Yo nunca sentí que viniera de un lugar que me incomodara o me avergonzara. La mía era una familia de clase media sin pretensiones ni esnobismos, con los valores de esa pequeña burguesía con deseos de «progresar» que tanto despreciaron los marxistas de mi generación. Mis padres eran correctos en sus maneras, vestían con discreción y buen gusto, y mi madre buscaba estar a la moda. Sin embargo, al llegar a mi adolescencia, empecé a encontrar cursis algunos de los objetos que tenían en alta estima: una pintura de santa Ana con marco dorado, una esfera de vidrio en la que, entre agua, flotaba una especie de orquídea artificial, algún jarrón de retorcimiento barroco o un cenicero tornasolado, tropezones del gusto causados por rezagos pueblerinos o por momentáneos deslumbramientos frente a la modernidad, que ahora me resultan enternecedores. Que mis hermanos y yo los viéramos con recelo y una discreta sonrisa quería decir que el trasplante urbano que ellos habían deseado para nosotros comenzaba a ser exitoso.

Era claro, sin embargo, que un mundo más glamuroso que el nuestro estaba ahí, a un paso, y fuera de nuestro alcance, pero la imposibilidad de habitar en él no me atormentaba. Ya en el colegio había conocido compañeras bronceadas de jugar tenis en sus clubes, que hablaban con fluidez otra lengua, que iban de vacaciones a Miami y se compraban vestidos de baño israelíes mientras las demás

113

nos conformábamos con los nacionales de corpiños tiesos sin ningún *sex appeal*. Yo las miraba con fascinación pero sin envidia, como se mira esas joyas finas y caras que aunque hermosas jamás nos las pondríamos porque no van con nuestro estilo, o porque ni siquiera nos gusta usar joyas. Envidiaba, en cambio, locamente, a las que estudiaban en colegios mixtos. En ellos la vida tenía que ser infinitamente más excitante que en los exclusivamente femeninos, donde no había espacio para los enamoramientos, las miradas seductoras, los mensajes deslizados furtivamente en los pupitres o en los bolsillos. Y donde al lado de la camaradería había también crueldad, ñoñez y simplicidad. Y monjas, monjas inanes sin imaginación, inundadas de prejuicios y a menudo de rabia, que se cebaban en las rebeldes como yo. Pero esos colegios estaban fuera de nuestro alcance. No valía la pena que soñáramos con ellos. Tener claro el límite era la única forma de salvarnos de la frustración.

Escindida

«Con esa profesión y cinco centavos no le va a alcanzar ni para coger el bus». Con esas palabras brutales, desprovistas de cualquier piedad, mi padre me pronosticó un futuro lleno de carencias. Creyó que así iba a vencerme, pero se encontró con la misma testarudez y rebeldía con la que me escapaba de casa a los doce años para irme a patinar con la pandilla de adolescentes que se arremolinaba en mi puerta, para dispersarse, aterrorizada, cuando lo veía llegar. No tuvo más remedio que ceder. Se consoló cuando supo que mi futuro no iba a ser la guerrilla: aunque pasé en la Nacional, la universidad de la que había sido capellán el cura Camilo Torres, que había muerto en el monte tres años antes, en febrero de 1966, combatiendo contra el ejército, yo había decidido entrar a la elitista Universidad de los Andes sólo porque mi novio estudiaba ahí. No se imaginaba que en esa burbuja «de cara a Monserrate y de espaldas al país», donde se pagaba una matrícula altísima, que le costaba sangre, me estaba esperando una concientización política que iba a volverme la «comunista» que tanto temía.

A principios de los setenta la Universidad de los Andes empezaba a abrirse a la clase media, pero seguía siendo un lugar donde, en su mayoría, se educaban estudiantes de familias adineradas y muchas veces tradicionales y cultas. Yo percibí esas diferencias desde el principio, pero no me sentí incómoda, no sólo porque allí todo era movimiento, revelaciones, una energía que en mi caso provenía de la libertad recién descubierta, sino porque yo estaba convencida de que pertenecía a la categoría de otros elegidos, la de los intelectuales. Y es que desde antes de entrar a la universidad yo iba por ahí caminando con displicencia, convencida de que era distinta de la horda que se aprestaba a estudiar Ingeniería o Economía, o, peor aún, de esas mujeres que en vez de entrar a la universidad tomaban cursos libres y se dedicaban a buscar un marido. Lo que alimentaba mi tonta soberbia era que siempre había oído decir que era muy inteligente, y también que leer a Nietzsche, a Sartre y a Camus me hacía sentir una intelectual.

A las dos semanas un golpe de realidad me bajó de la nube cuando perdí el examen de Latín para el que había estudiado tardes enteras. El único consuelo fue que lo perdimos casi todos. El profesor era un hombre muy guapo, del que todas llegamos a estar secretamente enamoradas, que dictaba la clase con estudiada desgana y que se burlaba de sus alumnas mujeres. No era un caso único. Muchos profesores, sobre todo los de Matemáticas, eran famosos por maltratar a las alumnas, hasta el punto de hacerlas llorar cuando les preguntaban en público si es que eran brutas o tenían la menstruación. Tiempo después algunos de aquellos profesores fueron mis colegas. Un jefecillo que tuve, pequeño y feo, se dio el lujo de gritarme, convencido de que como yo era muy joven no iba a tener réplica. Otro, un tipo que había sido jesuita, de ademanes melifluos como todos los que han sido curas, abrió la puerta de mi oficina buscando a una colega, y luego de pasarme los ojos por encima le gritó a alguien: «¡Aquí no hay nadie!». Un editor, al que el tiempo le tenía reservada una vida trágica, me dijo después de que le hice algún trabajo, con un tono falsamente paternal: «De pronto, en un futuro, me animo a publicarle algo». Un importante escritor argentino, con el que hacíamos parte de un jurado de cuento, no tuvo escrúpulo en revolcarme cariñosamente el pelo cuando dije cuáles eran mis finalistas. Las mujeres terminábamos por acostumbrarnos a esas salidas en falso, convencidas de que no valía la pena pelear con tipos que nos despreciaban. Pero esas afrentas que intentaban disminuirnos quedaban ahí, como grapas que tallan en la memoria, hasta que la vida, que no siempre es injusta, nos permitía tomarnos alguna pequeña revancha. Como la que me deparó la suerte cuando, después de hacer un alarde de erudición tan ostentoso y pueril como patético, un escritor me espetó, sin motivo alguno, durante una comida: «A que tú no te has leído ni la mitad de los libros que cité hoy en mi charla». Una iluminación divina permitió que mi respuesta fuera rápida y mordaz, salvándome de que se me ocurriera en soledad a medianoche: «Imagínate que no. Y qué lástima que un escritor tan culto como tú no tenga casi reconocimiento». Porque no lo tenía y él era consciente de ello.

En mi facultad había varias categorías de estudiantes: estaban los divinos, lejanos como dioses, y los confundidos, románticos o alucinados, que terminaron suicidándose o viviendo en alguna isla o cultivando una huerta de productos orgánicos, y las mujeres liberadas, que anunciaban que faltarían porque se iban a La Miel porque allá eran mejores los hongos, y las aguerridas, lúcidas y concentradas, que hoy son destacadas periodistas y escritoras, y las dóciles, que iban ya vestidas como señoras, y las señoras que se habían liberado de sus maridos para volver a la universidad. Había belleza por todas partes, en el campus, en los cuerpos, en los libros, y teníamos profesores de verbo apasionado o que se acercaban al saber con una lucidez fría e intimidante. La universidad ebullía. No había pasado un año cuando nos envolvió la ola roja, vibrante y esperanzada, de los mítines políticos, que nos reunía en las escaleras, donde los líderes entrenaban su verbo. Los que arengaban eran todos hombres. Dogmáticos, recalcitrantes, machistas sin consciencia de serlo, a los que la vehemencia y el ardor de su fe les daban una aureola mística.

Ya para entonces había comprendido que me gustaba más la teoría que la acción y que detestaba todo lo gregario, pero aun así me uní a la conversación para discutir, con fervor y un conocimiento a medias, romantizado y con sesgos, sobre Trotski, Cuba, el imperialismo yanqui, el Libro Rojo de Mao. Nuestras ideas políticas eran simples y también confusas, pero las asumíamos con una seguridad tan estimulante como irresponsable. En nuestras reuniones la fe y lo teatral iban de la mano. De ellas salíamos eufóricos, ebrios de ímpetus. Y cuando la vibración emocional y política estaba en su punto más alto, quedé embarazada.

Para cuando me casé con el que iba a ser el padre de mis hijos ya muchas mujeres habíamos roto con un montón de tabúes. Para empezar, ya no esperábamos a casarnos para perder la virginidad. «Haga el amor y no la guerra», la consigna del movimiento hippie de la que se adueñó la juventud de todo el mundo, abrió una compuerta milagrosa para la libertad sexual, que era reforzada por todos los flancos: por la música, el cine, la literatura. Pero como la píldora, que apenas fue aprobada como anticonceptivo oral en 1960, no se conseguía sino con fórmula médica, sólo las hijas de las familias más liberales o las mujeres muy independientes podían adquirirla con alguna facilidad. Otras muchas, a los diecisiete o dieciocho, no nos atrevíamos a ir a los consultorios a que nos sermonearan o a arriesgarnos a que los médicos de familia nos pusieran en evidencia, así que usábamos condón o el método del ritmo o de Ogino-Knaus, que nos mantenía haciendo circulitos en el calendario y sudando frío porque siempre fallaba. Abortar estaba completamente prohibido por la ley, pero, como siempre, fueron muchas las que se arriesgaron en lugares clandestinos o con métodos caseros aterradores como insertarse agujas de tejer o tomar brebajes que traían consecuencias insospechadas.

El maltrato médico era pan de cada día: insultos, zarandeos, reclamos, amenazas de cárcel. Lo había visto de cerca cuando mi hermana y yo llevamos al hospital a la empleada de nuestra casa, que sangraba copiosamente. Desde el primer momento el médico y las enfermeras que la recibieron supusieron que era un aborto provocado y la trataron con una agresividad despiadada. La amenaza de cárcel era tal vez el disuasivo mayor para las que querían abortar, porque hubo —y todavía hay— mujeres en Latinoamérica condenadas a diez y doce años de cárcel por decidir sobre su cuerpo, muchas de ellas delatadas por sus vecinos, sus familiares y hasta sus parejas. Así que en aquellos años, en países como Colombia, que iba a la zaga de los procesos de liberación feminista que ya se vivían en otras partes, hubo una proliferación de nacimientos de hijos de mujeres emancipadas sólo en parte, que asumimos los embarazos con decisión y muchas veces con entusiasmo, porque para los universitarios los setenta fueron años de romanticismo y deseos de ruptura de las convenciones burguesas. Se pusieron de moda los partos naturales y ayudados por el padre de la criatura, y también las comunas hippies que proponían una vida en contacto con la naturaleza, libre y sin prejuicios.

Yo sé: aquello era tan sólo el gesto imitativo de un espíritu de rebelión que no se correspondía con lo que aquí pasaba. Pero abrirnos a una sexualidad libre, transgredir los mandatos autoritarios del *pater familias* y la Iglesia, usar el pañuelo de los palestinos, ir a los desfiles del primero de mayo y oponernos a la guerra de Vietnam y sentarnos en grupo a protestar en la calle nos hacía sentirnos partícipes de lo que pasaba en el mundo. A la par, leíamos *El capital* tratando de entenderlo, aprendíamos latín y griego, admirábamos la Revolución cubana, despreciábamos la sociedad de consumo, íbamos a teatro todas las veces que podíamos, rumbeábamos en las discotecas del centro, escribíamos poesía, y nos enfrentábamos a nuestros padres, que nos miraban aterrados. En la universidad, que se había politizado en cuestión de meses, todo era desafío, provocación, sorpresa. Los *happenings* que improvisaba el grupo de teatro. Los mítines en las escaleras, que hacían que hirviéramos de fervor político. Los grupos de estudio, en los que los líderes leían manifiestos que luego quemaban, y que nos hacían creer que éramos parte activa de una revolución en marcha. Tanto queríamos ser libres que no nos asustaba la pobreza. A unos cuantos tampoco los asustó la violencia y se fueron al monte, a los puestos de combate. Muchos ensayaron desde los hongos hasta el LSD, y uno que otro se quedó a vivir para siempre en un mundo alterno, al que los llevó algún viaje lisérgico.

Traiciónate

A los ojos de la sociedad conservadora y católica a la que pertenecían mis padres, embarazarse antes del matrimonio era una deshonra para la familia y una vergüenza para la culpable de tal deshonra, que era siempre, por supuesto, la mujer; que, además, cuando se convertía en madre soltera era repudiada por todos, incluido, a menudo, el padre de la criatura. El mandato tácito ante la noticia era el secreto, el ocultamiento. Mi padre entró en un silencio depresivo. Mi madre en una tristeza que venía con una dosis de humillación. Su hija era una puta, una desvergonzada, una casquivana. Para que nadie se enterara vendieron la inmensa casa en la que habíamos vivido en los últimos años y abandonaron el barrio en el que tenían todas sus amistades.

A otras mujeres las enviaban al extranjero o a casas de monjas donde vivían en confinamiento hasta el momento de tener sus hijos, que daban luego en adopción. Hasta ese entonces yo había declarado con una seguridad desafiante que *nunca* iba a «contraer matrimonio» —una expresión que usaban en las páginas sociales, y que sonaba a contraer la peste— ni a ser madre. En mi imaginación yo iba a ser una mujer libre de ataduras, dedicada a leer y a escribir, tal vez a viajar, como había visto que era la vida de los escritores.

Pero lo cierto es que, una vez comprobado el embarazo, mi novio y yo asumimos la posibilidad de un hijo como algo extraordinario que nos gustaría vivir. A su manera, el hippismo transmitía una idea rosa de la maternidad. Como si esta fuera una experiencia leve, una consecuencia natural del amor y un símbolo del regreso a la naturaleza y a lo simple, las imágenes del cine mostraban mujeres orladas de flores cargando sus barrigas con sonrisas radiantes, pariendo entre el agua o en sus casas, del modo más natural posible, o rodeadas de niños hermosos, angelitos hippies que en pantalla no berreaban de hambre y sueño ni se cagaban en sus pañales. Llevada, entre otras cosas, por aquella fantasía, opté por el matrimonio. Mi novio quería viajar a especializarse, y casarme me pareció una salida extraordinaria, una oportunidad de zafarme de la tutela paterna y de vivir veinticuatro horas, por fin, con la persona de la que estaba enamorada. En *Un trabajo para toda la vida*, un libro certero y descarnado que sin embargo por momentos me pareció odioso, Rachel Cusk escribe estas palabras que podría haber escrito yo misma: «… y así llegué a la maternidad, asustada y sin preparación, ignorante de las consecuencias que tendría el nacimiento y con la infundada aunque clara impresión de que mi viaje había sido tan aleatorio y tan determinado por fuerzas más poderosas que yo, que difícilmente podía decirse que hubiera tenido la más mínima posibilidad de elección».

La izquierda universitaria, por lo menos la que yo conocía, atacaba el control de la natalidad desde otra perspectiva, aduciendo que reproducirse libremente garantizaba que el pueblo se multiplicara e hiciera la revolución contra la oligarquía capitalista. La planificación natal, según ellos, era una argucia de la burguesía para impedir que la lucha del proletariado se llevara a cabo. Aunque íntimamente yo me sentía una rebelde antiestablecimiento, mi fanatismo no llegaba a tanto, y tuve suficiente lucidez como para no ponerle a mi hija ni Libertad ni Rosa

Luxemburgo. Una a una, sin embargo, fui cayendo en las trampas, las presiones, los agujeros que se abrieron para tragarme. Mi futuro marido venía de un mundo mucho más convencional y religioso que el mío, y estaba todavía bajo el influjo de los curas que condenaban el uso del condón o la unión libre. Y la mujer ciegamente enamorada fue transando, cediendo hasta la humillación. La rebeldía que me había traído tantos castigos se doblegó en aras de la armonía, de la consideración por los padres, de las ideas románticas de las mujeres de la familia a la que entraba, que empezaron a proponer flores, argollas, festejos. No fui educada para el matrimonio, fui una atea temprana, odiaba la convención y los rituales, y sin embargo allí estuve, no con la falda hippie de seda que había soñado ponerme, sino con el vestido blanco en que me embutió mi suegra, frente a un cura que decía lugares comunes y cortando un ponqué para la foto. Traición tras traición en aras de la complacencia. Porque les dolería mucho, entiende, porque los hacemos más felices, porque es sólo un simulacro, lo importante es lo otro, lo de verdad, lo que nos va a hacer felices. La de hoy reniega de la de ayer. Tenía entonces veinte años.

Eribon dice que en algunos de sus libros quiso bosquejar «una antropología de la vergüenza», y a partir de ahí, «construir una teoría de la dominación y la resistencia, del sometimiento y la subjetivación». Quizá de esos elementos se constituya toda vida. De los logros y de las claudicaciones, de las entregas que luego nos avergüenzan, de las revanchas, las equivocaciones, la consciencia que emerge, la progresiva conquista de la lucidez.

Problemas de identidad

Alejandra, Alejandra,
debajo estoy yo
Alejandra.

Alejandra Pizarnik expresa en este brevísimo poema suyo ese dilema identitario que nos plantea el nombre que llevamos, nombre que es producto, siempre, de una elección ajena, un capricho del padre o de la madre, un homenaje a un antepasado, el resultado de barajar innumerables posibilidades, una moda. ¿Hasta qué punto nos identificamos con nuestro nombre? ¿Sentimos, acaso, que vivimos agazapados debajo de él, y que respondemos a los que nos llaman sólo porque la costumbre hizo que lo consideráramos algo propio, como el color de nuestros ojos o el lunar con el que nacimos?

Así como nos avergüenzan ciertas enfermedades, nos puede avergonzar nuestro nombre, y yo me pregunto por qué, si no tuvimos nada que ver con su elección. El mío no me fascina, pero tampoco me incomoda mayormente, porque es un nombre generacional. Dos de mis mejores amigas se llaman Consuelo y Clemencia, conformando un trío de apariencia virtuosa, como virtuosas nos soñaron nuestras madres. En todo caso mejor ser Piedad que Angustias, Martirio o Inmaculada. En cambio siempre he sufrido con la figura retórica que creó mi madre —estoy segura de que fue ella— cuando me añadió un «de Fátima» que alude a la Virgen que supuestamente se les apareció en Portugal a tres pastorcitos, cuya imagen pasearon por todos los pueblos de América a comienzos de los años cincuenta. A decir verdad, lo que me atormenta es el «de», aunque no puedo precisar si es por el posesivo, por la connotación religiosa o por el aire prosopopéyico que le da al conjunto.

Increíblemente, sin embargo, apenas me casé, a los diecinueve, no dudé en ponerme en mi apellido ese «de» que tanto aborrezco en mi nombre, el «de» que me señalaba como una mujer casada. ¿Por qué lo hice? Tal vez como una prueba de incondicionalidad amorosa, porque el enamoramiento idiotiza, o porque pensaba que sería interpretado por los demás como una señal de adultez, de decisión tomada, de independencia de los padres. Ya, por supuesto, había quienes militaban en el feminismo en Colombia a principios de los setenta, pero yo permanecía ignorante de esas luchas. Lo cual no quiere decir que no fuera profundamente consciente de la situación de inferioridad a la que nos condenaba una sociedad profundamente machista y que no viviera indignada por ello, aunque sin encauzar mi disgusto hacia un activismo que desconocía. Ese machismo también había sido interiorizado por las mujeres de la generación anterior, a la que pertenecían nuestras madres. Recuerdo cómo protestábamos mi hermana y yo porque nuestra madre nos hacía «atender» a nuestros hermanos, que estaban eximidos de las pocas tareas domésticas que nos asignaban. Y la furia que me provocó mi suegra el día en que nos convocó a su casa a mi marido y a mí a celebrar un evento con los amigos de sus hijos, y a los hombres los ubicó en la enorme mesa de comedor y a mis cuñadas y a mí en una mesa ¡en la cocina! Porque el machismo muchas veces comienza en las madres. Que íbamos en desventaja por el mundo lo supe pronto, de modo que cuando empecé a enviar poemas a concursos opté por usar seudónimos masculinos. Y aun así me puse aquel «de» ominoso, que parecía condenarme a ser un apéndice de mi marido, y que me quité *de facto* años después, cuando una colega me hizo ver el exabrupto, pero que quedó en mis documentos para siempre, como testimonio de mi estupidez e inconsciencia.

Pero otra cosa sucedió, además, con mi nombre: cuando a los veintiún años gestioné mi cédula, el documento que me declaraba mayor de edad, en ella apareció mi apellido escrito de una manera distinta al apellido de mi padre y mis hermanos. De ese Bonnett al que alguno de mis antepasados duplicó una letra —o dos: en el sur de Francia descubrí que se escribe Bonnet y en Cataluña Bonet— habían desaparecido las duplicaciones. Yo, distraída, la acepté así, lo que me traería —y me sigue trayendo— toda clase de incomodidades y problemas: el primero de ellos que mis hijos se apellidaron de diversas maneras, y el segundo, que de vez en cuando me califiquen de esnob o de impostora, cuando comparan lo que dicen mis documentos con el nombre con que firmo mis libros. En cierto momento, para facilitar un trámite importante, decidí ir a un juzgado para restituir mi apellido original, pero la notaria me convenció de que ese cambio me traería muchas más complicaciones que las que ya tengo. De modo que acepté que mi vida se mueva entre esos dos espejismos, con la carga de las explicaciones perpetuas.

A esas vicisitudes se añade otra, eternamente. De manera indefectible, en cualquier presentación, conversación o circunstancia, alguien me llama Pilar. Desde una psicóloga que me trató durante años hasta amigas muy queridas que me han dicho así alguna vez. Y es increíble lo que nos sucede cuando nos llaman de otra manera: es como si nos desdibujáramos, como si perdiéramos peso y consistencia. Y, sobre todo, consideración. Que nos llamen con otro nombre lo interpretamos como falta de aprecio. El nombre nos configura, nos sostiene, como nuestro esqueleto. Así sea feo, extravagante, ridículo. Y aunque sepamos que debajo de él existe un ser que se siente distinto a su nombre, como en mi caso.

* * *

¿El aborto habría sido una opción? Siempre he creído que es un derecho fundamental y que debe ser despenalizado. Soy una abanderada de esa causa. Pero también soy consciente de la encrucijada ética y psicológica que vive toda mujer a la hora de decidirlo. Puedo imaginar perfectamente que haya dolor, arrepentimientos, culpas. Leo a Paul Auster en *Diario de invierno*, un libro autobiográfico. Allí cuenta cómo en su primer año de universidad se enamoró de una chica inestable que unos meses después hizo «un desganado intento» de suicidio. Tiempo después de que le quitaran las vendas de las muñecas, quedó embarazada de Auster, y de común acuerdo ella abortó. «Un recuerdo brutal, otra de las cosas que aún te mantienen despierto por las noches, y aunque estás seguro de que ambos tomasteis la decisión acertada de no tener el niño (padres a los diecinueve y veinte años, grotesca idea), te atormenta el recuerdo del niño que no nació. Siempre has imaginado que sería niña, una criatura maravillosa, pelirroja, una verdadera polvorilla, y te duele pensar que ahora tendría cuarenta y tres años, lo que significa que con toda probabilidad ya te habrías convertido en abuelo, tal vez hace mucho tiempo. Si la hubieras dejado vivir».

Mi pareja y yo, en cambio, tuvimos la «grotesca» idea de ser padres a los veinte años, y nuestra hija resultó una niña preciosa, de pelo rubio y mirada inteligente, con una personalidad arrolladora, independiente y asertiva, «una verdadera polvorilla». Sé que otra opción habría sido legítima, pero por fortuna no tengo que preguntarme como Auster: «¿y si la hubieras dejado vivir?».

Partida en dos

Un descuido, un paso a un lado, un sí o un no, y tu vida puede ser otra.

La panza que se hincha, las náuseas matinales, el olor de la carne que no toleras, el embotamiento animal, la despedida de esa que eras. El miedo a lo que viene, pero también esa expectación, esas pataditas en el costado, qué será, niño, niña, el nombre, que sea único, que tenga fuerza, que sea hermoso. Todo es experiencia primera, conocimiento, temblor, resistencia y entrega. Como en la muerte, en el parto estás sola, aunque haya muchas voces alrededor, órdenes, luces, consciencia de que haces parte de un ejército eterno de paridoras, de mujeres que desde siempre, desde que el mundo es mundo, y ahora en esta serie de pequeñas salas iluminadas, se abren de piernas, como en el origen, en la concepción, para que nazca ese que nunca te pidió venir pero al que, de pronto y con suerte, lo esperan el amor y la amistad y la belleza de los atardeceres, y todo lo que hace que la vida valga la pena ser vivida.

Nació Renata, y con su nacimiento se acabó el tiempo que era mío. Rosario Castellanos lo expresó en *Se habla de Gabriel* como yo habría querido decirlo:

> Como todos los huéspedes mi hijo me estorbaba
> ocupando un lugar que era mi lugar,
> existiendo a deshora,
> haciéndome partir en dos cada bocado.
>
> Fea, enferma, aburrida,
> lo sentía crecer a mis expensas,
> robarle su color a mi sangre, añadir
> un peso y un volumen clandestinos
> a mi modo de estar sobre la tierra.
>
> Su cuerpo me pidió nacer, cederle el paso,
> darle un sitio en el mundo,
> la provisión de tiempo necesaria a su historia.
> Consentí. Y por la herida en que partió, por esa
> hemorragia de su desprendimiento
> se fue también lo último que tuve
> de soledad, de yo mirando tras de un vidrio.
> Quedé abierta, ofrecida
> a las visitaciones, al viento, a la presencia.

* * *

Fea, enferma, aburrida. Tu cuerpo parece haber perdido la juventud de golpe. Está hinchado, tumefacto, dolorido. Los senos como vejigas gigantes, transparentes, llenas de venas azules. Pronto se llenarán de pequeñas estrías, y los pezones de heridas que arden al dar de mamar. Pero lo peor es tu vientre, ese que hace poco era plano, liso, delicado, y que ahora no dejas de mirar, en su triste flacidez. La vagina es una gran herida que tu madre cura con baños y desinfectantes. Eres distinta hoy y no sabes si volverás a ser la que eras. Has ganado peso. Recuerdas los cuerpos de las mujeres de Jenny Saville, que no se sabe si están vivas o están muertas. Pero allí está tu hijita, demandándote, también con su cuerpo, un cuerpo reciente, abandonado a lo que quieras hacer con él. Depende de ti. Alguna vez tú estuviste también así. A merced de otra, de otros. Amor y dependencia. Amor y entrega. Dependencia, amor y desesperación.

* * *

La libertad de mis primeros dos años universitarios, que me había permitido ir al teatro, al cineclub, a las discotecas, se convirtió de un día para otro en libertad condicional. Mi cotidianidad pasó a ser heroica, extenuante, impaciente, culposa. Porque mi madre, mi pobre madre, obligada a hacer de abuela, volvía a hacer todo lo necesario para que yo estudiara, como en mi adolescencia, pero se cuidaba bien de recordarme mis irresponsabilidades y de señalarme mis falencias. La culpa siempre ahí. La culpa.

Mi marido, estrenando su condición de padre, salía muy temprano para la universidad, donde estaba terminando materias. Muchas veces llegaba a las nueve o diez de la noche, después de estar reunido con sus compañeros haciendo trabajos en grupo. Y seguramente escapando de una responsabilidad asfixiante. En ocasiones las sesiones de estudio eran los domingos en la tarde. Dos meses después del parto volví también yo a la universidad. Mi madre cuidaba a la niña por las mañanas. Por la tarde yo leía mientras mi hija dormía, sin pestañear, para que no fuera a despertarse. Pero cada día, aprendiste, un bebé duerme menos. De pronto oyes su leve gemido. O su llanto estridente, sus alaridos. Corres, la levantas, le das de comer, le quitas el pañal, le lavas la colita. Le haces un lugarcito amable entre cojines para que juguetee un rato. Lo lograste. Comienzas a escribir tu monografía. O a hacer la tarea de Latín o de Lingüística. Oyes sus retozos y te alegras y de vez en cuando te inclinas y le haces una caricia. Ya van treinta minutos de esta feliz convivencia. Madre e hija en entendimiento perfecto. Hasta que sus ronroneos van mutando primero a quejas, luego a un lloro indeciso, y, de repente, a unos gritos ensordecedores, rítmicos, que te alarman —pero si ya comió, si está seca— y te hacen ponerla sobre tu hombro, mecerla un poco, caminar de un lado para otro cantándole una nana, pero ella persiste en su llanto desgarrador, diez, quince minutos desestabilizantes. Ahora la pones boca abajo, como te dijo tu madre, y le das palmaditas en la espalda. Deben ser gases. En efecto, eructa, y un chorreón de leche agria te ensucia el pantalón, porque no has tenido la precaución de ponerte la pequeña toalla. Pero el llanto sigue. Los ojos apretados, la cara roja, el cuello tenso. Comienza a rondarte la idea de que eres una inepta. O de que la niña está enferma. Vuelves a examinar su pañal. Será que quedó con hambre. Y así, en perpetua incertidumbre, en esa primera parte de la crianza.

Volvieron mis males. Se me durmió la mitad de la cara. Mis dientes no resistían el frío y el calor. Mi estómago era una caverna en llamas. Pero no todo era estrés, mal dormir, ansiedad. Encontré una manera de huir que no me avergonzara: pasaba las horas de mis mañanas libres en la Biblioteca Luis Ángel Arango investigando compulsivamente para mis monografías, y lo disfrutaba todo, desde la búsqueda en los ficheros hasta la paciente espera de los libros que llegaban de los sótanos como una promesa, la de los pequeños y felices descubrimientos. Adoraba la luz que iluminaba las salas de lectura y el silencio ensimismado de los lectores, atravesado a veces por el susurro de los bibliotecarios, el leve traqueteo de los ascensores, o el sonido casi inaudible de las páginas pasando, que me producía escalofríos en la espalda. Cuando llegaba muy temprano daba un breve paseo por la plaza de Bolívar, sólo para sentir el fresco de la mañana, el arrullo de las palomas, y los olores ácidos, descompuestos, de la noche, mezclándose con los del pan recién horneado. Entraba a la catedral sólo para curiosear a los pocos que allí estaban rezando o para disfrutar de la luz en los vitrales y de la soledad que allí era mía, sólo mía.

Era la mujer doble. Escindida.

* * *

Son las cuatro de la tarde de un sábado, todavía vives en casa de tus padres, la bebé de cinco o seis meses duerme en su cunita —la antigua y pesada cuna de mimbre color beige que fue de tu marido y que a menudo acarreábamos por todo el segundo piso para que se durmiera— y tú estás tecleando en tu máquina de escribir un trabajo sobre Trotski con el que aspiras a ganarte un premio de ensayo de tu facultad. Y de pronto, ruidos allá abajo, casi imperceptibles. Suspendes el tecleo y escuchas. Sí, un choque de trastos. Pero si no hay nadie. La empleada salió en el fin de semana. Tu marido está en un trabajo que acaba de conseguir, tus padres en una reunión de amigos, tus hermanos quién sabe dónde. (De ellos en aquellos tiempos no recuerdas nada, la memoria los ha borrado). El corazón empieza a latirte, pero el miedo viene de un lugar remoto, de tus fantasías de infancia, de la niña que en ti todavía persevera. Piensas en fantasmas, en muertos que merodean en esa antigua casa de escalera de caracol donde,

132

como en una película gótica, hay otra escalera que llaman «la del servicio». De todas maneras quieres cerciorarte. Bajas, sigilosa, por los escalones de granito, te diriges a la cocina, nada, la atraviesas, y vas apenas hacia la puerta del garaje cuando lo ves, un hombre inmenso con una bolsa en la mano. Tus ojos se cruzan con los suyos, que hoy recuerdas —o inventas— como inyectados de sangre, y tu cuerpo reacciona de inmediato con un grito, un solo grito animal, cargado de todo el terror del mundo. Entonces corres de nuevo hacia adentro, buscas la puerta principal, enorme, que hoy recuerdas acristalada, y sales hasta la verja del jardín que da a la calle e intentas abrirla, imaginando ya en tu espalda las manos del hombre. No gritas, no pides auxilio, sólo jadeas, y ahora gimes, porque te encuentras con que te han dejado encerrada con llave. Una medida de protección contra los ladrones, qué paradoja. Al borde del colapso vas de un lado a otro del jardín, tratando de trepar por las rejas, pero no lo logras. La llave, recuerdas ahora, está colgada de una tablilla en la cocina. Si quieres escapar, tienes que devolverte, a riesgo de encontrarte con el ladrón, que hasta ese momento no ha aparecido con un garrote, con un hacha, con una guadaña, como en tus sueños de infancia. Y te devuelves. Entonces, como un latigazo, tu consciencia te recuerda que la niña está en la cuna. ¡La niña! Subes, corriendo, y ahí está, plácidamente dormida. Bajas de nuevo, temblorosa, vas hasta la cocina sintiendo que un escalofrío te recorre la columna vertebral, tomas la llave, vas hasta la reja, abres, y corres hasta la puerta de la casa vecina, suplicando que haya alguien dentro.

Todavía de vez en cuando ves pasar al hombre que te abrió, hoy convertido en un anciano. Un tipo frío, desconfiado, de ojos azules y nariz aguileña, vestido siempre de riguroso paño y corbata, con un parecido al rey Carlos de Inglaterra. Creo que tenía más miedo que yo. Escudriñamos juntos todos los rincones hasta cerciorarnos de que el hombre no está. Sobre el lavadero de ropa, el miserable ha dejado un exiguo botín de electrodomésticos.

Ya en la casa, un poco repuesta, con mi hija en brazos, recordé, no sin una sonrisa, que mi grito de terror fue el más atávico, el más esencial y profundo que un ser humano, aunque sea un adulto, puede soltar: ¡Mamá!

La espera 3.

A veces, cuando empieza a oscurecer, mi madre entra en un estado de agitación, y generalmente va hacia la puerta de la casa con la idea de que es hora ya de irse. Cuando la enfermera de turno trata de persuadirla de que es un error salir, de que allá afuera no hay nada que la esté demandando, mi madre se enoja y protesta con vehemencia. Por teléfono se me queja, en mi llamada del día: «Esta señora no me deja ir y me va a coger la noche». Ayer nos hemos enterado de que es un mal propio de los enfermos de demencia senil o de alzhéimer, que se llama Síndrome de Sundowning o Síndrome del Ocaso.

Los científicos explican esta afección como un trastorno neurovegetativo: la demencia hace que haya alteraciones en el hipotálamo, que es donde se encuentra el núcleo supraquiasmático que regula el reloj biológico que todos llevamos dentro, y hace que los pacientes pierdan la noción de día y noche, se afecten con la luz eléctrica y tengan trastornos del sueño. Lo mío es una simplificación, por supuesto. ¿Pero no es más convincente interpretarlo simbólicamente, apegándonos a la noción de ocaso, una palabra que usamos también para referirnos a la decadencia, al descenso de una vida? ¿No ha sido siempre la noche una metáfora para la muerte, y también el sueño, «el sueño eterno»? Una mujer me contó alguna vez que su madre enferma, presintiendo que eran sus últimas horas, caminó toda la noche por su cuarto, sin parar, para no rendirse al sueño, del que temía no despertar, hasta que tuvo que claudicar, y, exhausta, entregarse a la muerte que la había estado esperando.

Se puede tener un trastorno cognitivo, como el que tiene mi madre, no pronunciar nunca la palabra muerte, *tal vez ni siquiera saber ya lo que significa, pero ese animal que es el cuerpo puede sentir su latencia, y tener pavor de la oscuridad y de la entrega al sueño, esa boca que, tarde o temprano, nos deglute hacia la disolución.*

El malestar

Salir del útero

Resulta que en la universidad pasas los días y las noches dedicada a lo que más amas, a leer y leer y leer y subrayar, a descubrir, a asombrarte con aquel autor del que te estás leyendo todo, todo, a especular, a armar disertaciones, a trabajar en grupo, y también a cosas que te gustan menos, a comprender qué es un dativo, a darle vueltas a una frase de Kant para escribir un ensayo, a escribir una tesis durante meses, y a reescribirla mil veces siguiendo las recomendaciones de un tutor que no tiene prisa; y cuando ya creías que la vida era eso, que será siempre eso, un espacio de libertad para hacer lo que más te gusta, de pronto aparece la palabra *fin*. Y entonces una mañana te levantas con un grado —lo que tanto anhelaron tus padres— y un día y un futuro por llenar. Sé que así no se aplica, pero la expresión más acertada para ese estómago intranquilo y ese espíritu desasosegado es *horror vacui*. ¿Y no dizque ibas a ser escritora? ¿No fue para eso que estudiaste cada día y cada noche? Pero, a ver. ¿Quién dijo que se estudia para ser escritor? Te formaron para ser maestra, editora, crítica, pero ser escritora es otra cosa: es enfrentarte a ti misma, a tus miedos, a tus carencias. Peor aún, ¿quién te ha dicho que tienes talento? O, como te dijo una amiga en un rapto de sinceridad, ¿tú sí será que tienes algo que decir? Y un pequeño detalle: ¿no vas a aportar nada a ese nuevo hogar donde uno solo se está partiendo el lomo para traer algún dinero?

Y en esas estás hace ya un mes, dos meses, ocho meses, como una desempleada en desasosiego que pasa hojas de vida casi en blanco, como una escritora infértil que empieza a pensar que su creatividad se secó para siempre, como un ama de casa que se debate entre los mandatos atávicos a las mujeres y el rechazo a entregar la vida a la domesticidad, como alguien que aprende a ser madre a fuerza de equivocarse, cuando te llama una de tus tías monjas y te dice que te tiene una buena noticia. Sí, un trabajo. Que no te van a pagar mucho, eso sí, porque la experiencia es poca, pero es para mañana mismo porque están necesitando profesores de español.

Literatura colombiana en tercero. Latinoamericana en cuarto. Universal en quinto y sexto. Pero si para esto te preparaste, ¿cómo no vas a poder?

El bus del colegio te recoge a las seis y media. Tu madre, por fortuna, se encarga de la bebé, pero el precio va a ser alto: te hará sentir, con toda la razón, pero de la manera más soterrada, que le estás endilgando una obligación que no le corresponde, y que, cuando en los ratos libres asumes tu función de madre, lo haces pésimamente. Calientas el tetero de más, no perseveras a la hora de darle de comer y te impacientas cuando la cuchara no logra abrir esa boquita apretada, no le limpiaste bien el culito y ahora está lleno de sarpullido. Ella, en cambio, lo sabe hacer perfectamente, y por eso la niña la quiere más, le obedece, se queda dormida en su regazo. Tienes veintiún años y otra vez te sientes mala, incapaz. Tal vez por eso se te duerme la mitad de la cara, te duele la espalda, sientes hipersensible el cuero cabelludo.

En tu maletín las fichas de datos, las que preparaste hasta la una de la mañana, estas para tercero, estas para cuarto, el resto para quinto. No para leerlas, no. Sólo para echarles una ojeada, porque leer las va a aburrir, y el camino de todo buen maestro es la seducción. Sientes un leve malestar cada día, mientras vas hacia la parada del bus. Amagos de náuseas, de diarrea. Pero ni se te ocurra mencionarlo. Algo similar a lo que sentías en los días del abandono, sentada en aquel salón de estudio del internado. Y ahora, allí, otra vez, las monjas. Sus tocas almidonadas, el siseo de sus hábitos cuando caminan, sus palmadas para llamar al orden. Y algo irracional se levanta en ti, un furor, un deseo de huir. ¿A quién puedes hablarle de esto? A nadie. No vas a perturbar a tu marido, que a su vez está tratando de hacerse un lugar en el mundo, que llega rendido cada noche de su trabajo fuera de la ciudad. Pero el olor del refectorio. Ese olor a huevos, a caldo, a fritos, y ese mar de voces adolescentes, ese ruido que te aturde y te irrita y te exaspera.

No sé cuántas semanas o meses pasaron hasta el día en que, mientras hablaba —¿de qué? ¿De Barba Jacob, de Dante, de *La Araucana*?—, el salón de clase se distorsionó, como una fotografía que metemos en el agua, y luego se alejó de mí, llevándose lejos a sus niñas apáticas, silenciosas, ensimismadas. Fue entonces cuando supe que mi capacidad de resistencia se había tensado de tal forma que había perdido su elasticidad y ahora era un colgajo deforme, sin fuerza, vencido.

No es fácil asumir el fracaso, reconocer tu debilidad. Cuando era una niña, al final de mes, la directora de curso nos entregaba las notas, y, de acuerdo al promedio, el puesto que habíamos ocupado. Las de los primeros se hinchaban, como pavos reales, caminaban orondas. Las del medio se reían de su medianía, que no le decía nada a nadie. Y las últimas. Las últimas tenían miedo de mostrarles sus calificaciones a sus padres, pero sobre todo se valoraban a sí mismas de acuerdo con aquel *ranking*, que tal vez aceptaban con una sonrisa cínica, que ocultara su odio, o con un gesto de timidez, la cara encendida, los labios temblorosos. El mundo entero estaba pendiente de qué tan bueno eras. O de descalificarte. De recordarte que eras un mediocre, o que, definitivamente, no servías para nada.

* * *

141

El fracaso. Ese terror que nos paraliza o nos impulsa. En un avión, en un viaje internacional, la azafata me trae un mensaje. Atrás hay una mujer que acaba de perder a su hijo, y que, como me ha visto entrar y ha leído *Lo que no tiene nombre*, me pide le conceda un ratico para una conversación. Me abren un espacio a su lado, donde podamos hablar en intimidad. Entonces me cuenta de su hijo único, de sus estudios universitarios, de sus dificultades para conseguir un trabajo, aunque ha hecho una carrera práctica; de cómo, cuando finalmente logra un empleo, siente que no lo aprecian, que no lo han puesto a hacer aquello para lo que se preparó. La situación se repite, una, dos veces. Entonces decide dejar el país, el medio injusto en donde, está visto, todo le es adverso. Consigue que lo admitan para hacer una especialización en una universidad francesa, y logra graduarse. Y entonces se enfrenta a lo mismo. No encuentra quién lo emplee. Pasan los meses. Para sobrevivir, trabaja en un *call center* mientras envía hojas de vida. No recuerdo mucho más, sólo que siente que tampoco aquí, donde iba a ser otro, su suerte mejora. Entonces, y esto es lo que le han contado a la madre los que lo encontraron, todo su odio contra el mundo se concentra y estalla. Cuánto duró destruyendo todo lo que lo rodeaba, los muebles, los cuadros, los libros, no sabemos. Sólo que, consumado el estropicio, llevó a cabo su propio sacrificio colgándose de una cuerda. Una *performance*, un escupitajo al mundo que lo expulsaba, una violencia con la capacidad de expresión de la desdicha que tal vez no tenían sus palabras.

* * *

El término que usó el médico para describir mi mal fue *surmenage*. Hoy, a esa tensión emocional que produce tener una sobrecarga de trabajo que dispara el estrés —distrés, nombre para su forma más nociva— la llaman en inglés *burnout*, estar quemado. Y yo estaba, literalmente, en cenizas. No lo supe entonces, pero las consecuencias iban a ser duraderas. El lado izquierdo de mi cara seguía dormido, y ningún médico sabía a qué atribuirlo. Un incendio perpetuo ardía en mi boca del estómago. Y la hipocondría de la que ya hablé comenzaba a instalarse en mi cerebro. Tal vez esos cólicos permanentes fueran cáncer. Esos latidos apresurados del corazón una afección cardiaca. Y esa angustia atroz, ese desasosiego permanente, una antesala de la locura.

El perfeccionismo no es otra cosa que un deseo de complacer, de ser amado, de cumplir con las expectativas, de no fallar. El perfeccionismo es una de las formas de la inseguridad y de la desdicha. Una carrera a la que le van corriendo la meta. Y de pronto te ves caer en la mitad del camino y ya no sabes más de ti, los labios blancos y el corazón a punto de reventarse.

El médico —nuestro vecino— decidió que para recuperarme tenía que dormir. Así que me dieron unas pastillas que mi madre me ponía en la lengua cada seis horas y que de inmediato me arrojaban al infinito de la oscuridad y la inconsciencia. Sólo me levantaba, tambaleante, para ir a orinar. En aquellos breves momentos en que volvía a ser yo y no un cuerpo entregado al derrumbamiento, empecé a pensar, con verdadero terror, en los pacientes de aquella clínica donde trabajaba mi tía monja. En sus espaldas encorvadas, sus pasos vacilantes, sus bocas entreabiertas. Entonces me rebelé. Boté las pastillas al inodoro, aunque la otra opción habría sido tomármelas todas de una vez. Y me erguí. Y mandé todo para la mierda. Ya vendría otro trabajo que valiera la pena. Aunque tuviera que esperar.

* * *

Con ayuda familiar compramos un apartamento nuevo, luminoso. Todo lo que había a mi alrededor era agradable: el sofá aterciopelado, la mesa redonda, los vasos de colores, el primer cuadro que compré a cuotas en una galería de arte, una pequeña biblioteca que había hecho con esfuerzo. A los veintitrés años había comenzado a recorrer el camino seductor y engañoso del aburguesamiento que tan bien pinta Georges Perec en *Las cosas*. Mi marido, que seguía teniendo el pelo largo pero ahora usaba corbata, salía puntualmente casi de madrugada para su trabajo, oliendo a colonia, con los zapatos brillantes. Yo me quedaba todavía en piyama dos o tres horas, ocupándome de mi hija y de la domesticidad.

(Hace poco leí estas palabras de Mona Chollet en *Reinventar el amor*: «… en el empleo a tiempo completo hay algo invasivo, vampirizador, que podríamos decir que captura al otro y lo convierte, en cierta medida, en un extraño»).

Pasaron muchos meses. Como no conseguía trabajo, iba de un lado a otro llevando de la mano a mi hija, que todavía no iba al colegio. Hacíamos rompecabezas, pintábamos con témperas. Salíamos al parque. Ahora era ante todo una madre, una esposa, un ama de casa. Y una mujer que siempre estaba intentando leer un libro. Que avanzaba veinte páginas y tenía que ir a calentar un tetero.

¿Por qué no salía bien la novela que había empezado a escribir? Con todos mis prejuicios me daba una respuesta falsa. Porque mi vida es muelle, pensaba, convencida de lo que tanto me habían dicho mis compañeros de la izquierda. Porque le falta sordidez, dificultad. Porque eres una burguesa acomodada. Quería pasar el límite aséptico de mi calle, de mi barrio, y adentrarme en la otra ciudad, la sufriente, la chirriante, la que encerraba las historias tortuosas que me estaban esperando. Dejar de ser la que era. Tenía la sensación de estar entrando, sin remedio, en el camino sin reversa de la traición a uno mismo. No tenía tan claro como hoy que la insatisfacción está en la raíz de casi toda la literatura.

¿Qué hay que hacer?

Había rogado a los dioses, que me habían abandonado, que me permitieran conseguir un trabajo menos oprimente que aquel primero, en ese colegio de niñas, y mis plegarias fueron atendidas. Después de muchos meses de zozobra apareció un empleo en el Departamento de Literatura de lo que entonces equivalía al Ministerio de Cultura, que funcionaba en la Biblioteca Nacional. En aquellos corredores enormes, de techos catedralicios, mis pasos resonaban cada mañana como los de un gigante, pero en realidad eran los de un pigmeo. En la sección editorial éramos dos auxiliares —un cargo ínfimo—, un corrector de pruebas que triplicaba nuestra edad, una secretaria joven y una vieja, un jefe inmediato en una oficina lóbrega, un jefe remoto del que sólo conocíamos el nombre y una directora suprema que estaría siempre fuera de nuestro alcance. Salvo los dos últimos, los otros no hacíamos nada. Éramos relleno, actores en un escenario beckettiano. Nuestro jefe inmediato, un escritor escéptico y un tanto paranoico, se dedicaba a leer con el libro sobre las piernas, para poder reaccionar si alguien lo pillaba *in fraganti*. Incluso si era uno de los auxiliares el que entraba, él, que había vivido muchos años en un país de la Cortina de Hierro, se sobresaltaba como un espía al que sorprenden escuchando detrás de una puerta. Al día siguiente de haber sido nombrada fui a verlo, e ingenua yo, le pregunté cuáles eran mis tareas. Como era, a su manera, un hombre honesto, sonrió de medio lado, con sorna, y me dijo que ninguna, *al menos por ahora*.

A las oficinas entraba cada tanto un hombre o una mujer con un manuscrito debajo del brazo, pues se suponía que ese era el conducto regular para la publicación. Una de las secretarias le pedía que llenara un formato, y le anunciaba que sería notificado de la aceptación o no de su obra. Una vez el sujeto se había ido —un anciano que había escrito sus memorias, un estudiante de aspecto triste que dejaba una novela, una mujer madura, autora de un libro de poemas eróticos—, la secretaria iba hasta un cuartico auxiliar que permanecía cerrado y depositaba la obra en la cima de un montón que se acumulaba en el suelo, de cualquier manera. Un cementerio de libros escritos con ilusión en quién sabe qué montón de horas. Los que se publicaban eran otros, que jamás pasaban frente a nuestros ojos, todos de escritores amigos o conocidos del jefe remoto, que solía escribirles un prólogo o un epílogo.

De vez en cuando nos llegaban las pruebas de uno de esos libros para ser sometidas a una revisión final, y entonces nuestra pequeña oficina se estremecía. Después de semanas de ocio el trabajo había llegado a justificar nuestra presencia. Es más, nuestra existencia. Entonces el corrector de pruebas se acomodaba con su copia frente a nosotros, el otro auxiliar y yo, que teníamos las nuestras, y empezaba a leer en voz alta. La idea es que seis ojos ven más que dos. Como era muy experimentado captaba de inmediato los errores, y si alguno se le escapaba ahí estábamos nosotros, que habíamos estudiado cuatro años de literatura, latín, griego y filosofía, y por tanto estábamos capacitados para ver cuándo había que cambiar un punto por un punto y coma. Las verdaderas batallas, las únicas importantes, se daban cuando el libro era de poesía, porque el corrector de pruebas quería puntuar los versos como si de prosa se tratara. Pero jamás pudimos ganar ninguna. Estábamos bajo un régimen dictatorial, y éramos considerados unos ignorantes inexpertos por aquel tirano, que, por lo demás, era un hombre triste y malhumorado. Su historia nos la contaba cada tanto. Sus dos hijos se habían ido a Estados Unidos hacía muchos años, y él esperaba confiado, todas las Navidades, que le enviaran un pasaje para irlos a visitar. Pero el pasaje no llegaba nunca y ahora, confesaba afligido, ya muy pocas veces le llegaban sus cartas.

Salvo esas horas de tensión, todo en aquella oficina era relajamiento y ocio. Y como estos son la condición para que lo bueno y lo malo florezca, las horas muertas permitieron que entre el otro auxiliar y yo creciera una amistad exquisita.

Llamémoslo Jorge. Bajito, de cara afilada con la piel marcada por cicatrices de acné, lo recuerdo con un eterno saco de paño, pero puede ser mi fantasía. De lo que no me queda duda es de que desde que entraba me golpeaba el olor a cigarrillo de su ropa, que no debía mandar a lavar nunca, porque era pobre, pobrísimo. Vivía todavía, no sé por qué, en las residencias universitarias de la Nacional, que para esa época se habían convertido en un lugar caótico, abandonado por sus directivas, donde eran frecuentes los robos. Las cerraron para siempre casi diez años después, y sus edificios quedaron ahí, como una prueba de la desidia oficial, con su desgreño, sus ventanas rotas por las que entraban a dormir los indigentes y sus consignas políticas que seguían recordando las eternas luchas estudiantiles.

Jorge era un anarquista de espíritu, que me hacía reír —y a la vez aterrorizar— con los relatos de cómo él y sus compañeros estallaban «papas bombas» y lanzaban canicas a los cascos de los caballos de la policía, haciéndolos resbalar y retroceder. Pero era sobre todo un tipo ilustrado, con el que podíamos hablar largas horas de literatura, y un marxista a carta cabal con un fondo de resentimiento que expresaba sin alzar la voz, más bien con el tono opaco de los que uno adivina que son capaces de matar y morir por sus convicciones. Su apasionamiento me resultaba fascinante, y también el brillo de sus ideas, que se encadenaban en argumentaciones convincentes. Su padre era un policía de ideas reaccionarias que no le habría perdonado haberse convertido en un militante de izquierda.

No sé cuáles otros hilos cosieron esa amistad que creció durante meses abonada por el ocio infinito al que nos condenaban en aquel lugar. Ni cuánto duré allí. Sólo sé que un día Jorge me acompañó a la universidad donde hice mi carrera, y mientras subíamos las escaleras en medio de los prados impecables, los árboles enormes y los edificios, unos hermosos en su antigüedad y otros modernos y bien dotados, su cara fue volviéndose de piedra. Y que, de repente, yo me convertí en la representante de un orden privilegiado, y en el objeto de su indignación y su furia y su capacidad de aborrecer. Allí, subiendo la empinada montaña, la complicidad que habíamos construido se quebró para siempre.

El resentimiento hizo que a los ojos de Jorge todo lo que me constituía como individuo —mi pequeña historia, mi risa ante sus *boutades*, mis pequeñas miserias, nuestras complicidades— se desvaneciera, para ser reemplazado por una abstracción, una idea: yo era una mujer burguesa y, por tanto, parte del enemigo. Qué dijo, ya no recuerdo. Lo que prevaleció fue un silencio acusador, una ironía que quería ser hiriente, un gesto de desprecio. El resentimiento político sólo lo sienten los que no aspiran a pertenecer al mundo de los privilegiados, ese que odian porque choca con sus ideales de igualdad. El resentido es lo contrario del arribista. Este es patético, el otro es trágico. Jorge era consecuente. Comprendí que cualquier argumento que yo intentara dar iba a estrellarse de frente contra la muralla que él acababa de levantar. Cuando descendimos de la montaña en la que está la universidad, ya éramos otros.

* * *

Perdí el rastro de Jorge. Nadie daba cuenta de él. Del trabajo editorial —concedamos en darle a aquello el nombre de un trabajo— se retiró meses antes que yo. Y se lo tragó la tierra. Aquel cariño que le tuve quedó ahí, sin embargo, a pesar de las turbiedades que él desató. Y es que había sido una amistad feliz. Treinta años después lo hice vivir como un guerrillero en *Siempre fue invierno*, porque estaba segura de que se había ido al monte. Y, probablemente, estaría muerto.

Vamos por la vida viviendo historias cuyos finales quedan abiertos, sus tramas inconclusas. Pero a veces se nos concede un remate. En 2014, al final de una presentación de *Lo que no tiene nombre*, se me acercó un hombre de ojos cansados y pelo entrecano, y me preguntó si lo recordaba. Le dije que no, con esa incomodidad avergonzada con la que a menudo tengo que contestar lo mismo a lectores amables o a antiguos alumnos. Era Jorge, ahora convertido en un investigador académico. Mi emoción fue enorme, pero apenas si podíamos intercambiar palabra, tan rodeada estaba yo de gente. Antes de que diera media vuelta le confesé en voz muy baja, casi al oído, que lo daba por muerto, que estaba segura de que se había ido al monte. Palideció. Y ya no dijo más. Tenemos que tomarnos un café, le dije. Pero en su mirada vi de inmediato que ese encuentro futuro no se daría nunca. De modo que lo dejé que huyera para siempre.

Tiranos

Para ese entonces, tres años largos después de haber tenido a mi hija mayor, en mayo del 75, quedé embarazada de nuevo. Habíamos decidido tener otro hijo para que le hiciera compañía a su hermanita. Mientras estaba embarazada de mi segunda hija, la oficina de Literatura donde trabajaba dejó de estar en la hermosa y helada Biblioteca Nacional y se trasladó a unas oficinas más amplias en un sector alejado del centro, pululante de edificios del Estado. Y coincidiendo con esto llegó un nuevo jefe a reemplazar al anterior, que migró, para fortuna suya, a la universidad, donde fue profesor hasta su muerte. Los estudiantes lo recordarían siempre como un ser un tanto alelado, de creencias inamovibles, que dictaba su clase mirando a un punto fijo en el vacío, y que juzgaba a sus colegas

149

mujeres con un aire de indulgencia y una sonrisa irónica. A pesar de los reparos era considerado una persona seria. En la dirección de Literatura lo reemplazó un hombre mofletudo, de ojitos vivaces, vestido con mucho esmero, que copiaba a mano sus versos con una pluma finísima de la que se jactaba, y obligaba a su secretaria a pasárselos a máquina después de la jornada de trabajo hasta entrada la noche. Hablaba en voz muy baja, como tantos autoritarios cuyas amenazas vienen cuidadosamente envueltas en empaques aterciopelados. El arribismo de ese hombre, su acicalamiento extremo, su abuso laboral con la secretaria, me indignaban, pero como yo era una subordinada ubicada en el último escalón jerárquico no tenía nada que hacer al respecto, salvo guardar con él una distancia helada. Un día, sin embargo, me invitó a almorzar, tal vez porque le pesaba la soledad que lo rodeaba. Fuimos a un lugar distante de la oficina del que no tengo ningún recuerdo. Ya para entonces mi panza era inmensa, y al salir del restaurante, tal vez porque me excedí al comer, empecé a sentirme mareada, al borde del desmayo. En un segundo se me fueron las luces. Cuando abrí los ojos, estaba entre un taxi, y mi primera impresión fue que mi jefe estaba demasiado cerca, tratando de devolverme a la consciencia. Podía ser que en esa cercanía no hubiera sino buenas intenciones, y por eso no me atreví a mostrar ninguna molestia, pero entré en estado de alerta.

Días después de nacer mi hija, sin embargo, el poeta mofletudo se presentó en mi casa sin avisar, a media tarde, una hora insólita. Tuve que vestirme para recibirlo, pues no hacía ni ocho días que había parido y aún no me reponía de las molestias que deja un parto. Me acompañaba una empleada, pero que permanecía en la zona de servicios, ocupada en sus tareas. En cierto momento, la bebé empezó a gruñir, una señal que me indicaba que debía darle de comer. Entonces yo pedí permiso para retirarme a mi cuarto, donde, sentada en la cama, me di a la no siempre fructuosa tarea de dar de mamar. Y he aquí que, de nuevo sin previo aviso, mi jefe entró a la habitación pretextando que él era un hombre civilizado que no veía nada de raro en acompañar a una madre en el momento sagrado de la lactancia. Pudorosamente me cubrí con la mantica de la bebé, visiblemente incómoda, pero sin sacar fuerzas para echar a aquel atrevido de mi cuarto. Hay formas de abuso para las que nadie nos prepara, y menos en el medio oscurantista en el que fui criada. Entonces tuve que presenciar algo insólito: aquel caballero encorbatado, con su pluma de oro guardada en el bolsillo interior, empezó a recorrer el cuarto de un lado a otro, jadeando como un animal en celo. Un milagro me salvó en el momento en que la ira empezaba a subírseme a la cabeza: la puerta del apartamento se abrió y entró mi marido, que se topó con aquella escena inverosímil. No sé si invitó al poeta-jefe a un trago, o si el hombre pillado *in fraganti* salió de allí despavorido. Sólo recuerdo que mientras acababa de amamantar me deshice en lágrimas, aporreada por aquella violencia insidiosa, solapada, brutal.

* * *

Aborrecí la burocracia y por eso me puse feliz cuando me ofrecieron trabajar como maestra en otro colegio de niñas. Ya no sentí terror sino un deseo enorme de hacer bien lo que se esperaba de mí. El problema es que estaba por dar a luz a mi segunda hija, que nació en enero, exactamente el mes en que empezaríamos clases. Te esperamos, no hay problema, puedes comenzar en febrero, me dijeron en aquel colegio, con gran amabilidad, y yo, con tal de no perder la oportunidad de aquel trabajo, elegí desprenderme de esa bebé pequeñita, de ojos risueños, y dejarla en manos de una chica que la cuidara. No era ni la primera madre ni la última que debe cerrar la puerta detrás de sí, con el corazón encogido, llena de miedo pero tratando de confiar, en la nevera la leche que ha extraído de sus pechos con un succionador, esperando que la chica no se la dé fría ni tampoco muy caliente. En mi cerebro, otra vez, bullían los mandatos sobre la maternidad que había interiorizado en años y años de educación femenina. Siri Hustvedt lo plantea en forma correcta: «La maternidad se ha ahogado y se ahoga en tantas barbaridades sentimentales con tantas reglas punitivas sobre cómo actuar y qué sentir que sigue siendo una camisa de fuerza cultural incluso hoy. [...] Cuando lo materno se convierte en un concepto estático, una fantasía sobre la crianza sacrificada y sin límites, sirve como arma moral para castigar a las madres que se perciben como indómitas». Hustvedt habla de «control institucional masculino», del castigo con la vergüenza y la culpa. En fin: yo enviaba a mi hija mayor al colegio y luego salía hacia mi trabajo con el corazón en la mano, deseando tener otro par de ojos que se quedaran en mi casa para poder vigilar lo que allí sucedía con mi bebé recién nacida. Camila ya tenía más de dos años cuando una vez me devolví a buscar algo olvidado y antes de entrar de nuevo al apartamento oí cómo le gritaba la joven niñera. Entré enfurecida, pero sobre todo angustiada: ¿Qué iba a hacer ahora? ¿Cómo podía dejar a mi hija en manos de una mujer impaciente, tal vez una maltratadora? Por si acaso, la despedí y busqué un jardín infantil que pudiera cuidar de la niña. La recogían en una pequeña buseta y la instalaban en su sillita, al lado de la maestra que acompañaba a los pequeñitos, todos entre los dos y los cinco años. Y Camila se iba llorando. Y yo me quedaba en la acera todavía unos minutos, petrificada y también al borde de las lágrimas, antes de salir para mi trabajo, el lugar que me permitiría ser más que un ama de casa. Una maestra, al menos. Una mujer que estaba poniendo en práctica lo aprendido, me repetía, para darme ánimo.

* * *

Aquel lugar estaba dotado como puede estarlo un colegio de élite, con canchas de tenis, piscina olímpica, sala de cine, y con un cuerpo de profesores altamente capacitado, una suma de cosas milagrosa tratándose de alumnas casi todas de orígenes populares, que llegaban allí porque una caja de compensación les permitía gozar de lo que jamás tiene ni tendrá la mayoría de estudiantes de este país pobre y desigual. Podría decir que en esos años fui feliz, a pesar del enorme esfuerzo de preparación de clases al que yo misma me obligaba, todavía presa de la inseguridad y el perfeccionismo. Todos los que trabajábamos allí vivíamos en una burbuja, que seguramente se reventaba para muchas de esas niñas cuando pasaban cada día el umbral de sus hogares, y se encontraban con la cara de la escasez, la violencia y el abuso. A una de ellas, era *vox populi*, la madre le daba unas tundas que la dejaban con la espalda llena de heridas abiertas e incapaz de moverse. Por qué nadie llevaba ese caso a los estrados judiciales, me pregunto ahora. Cada tanto alguna de ellas quedaba embarazada y abandonaba el colegio. Alguna vez acepté la invitación de una de mis alumnas de último curso para ir a su casa, y allá llegué después de recorrer en un bus media ciudad, y de subir calles y calles empinadas y sin pavimentar, por donde ya no se aventuraba ningún medio de transporte. Una torpeza de mi anfitriona, que no tendría más de diecisiete años, me hizo comprender que a mi llegada ella y su hermana habían enviado a comprar en secreto lo que era un lujo en ese hogar y una deferencia conmigo: papel higiénico. Aquella joven de ojos enormes y pelo crespo, huérfana de madre, me contó que venía siendo violada por su padre, jefe de mantenimiento de un club social, desde que era una niña, pero que jamás había sido capaz de denunciarlo. Tampoco yo hice nada, y la consciencia de mi inacción me pesa ahora, cuando lo recuerdo. Tal vez por no traicionar su confidencia. Tal vez porque me daba miedo exponerla a más violencia. Pero, sin duda, porque me sentía paralizada entre el compromiso del secreto y la impotencia de no saber cómo proceder, pues de esas realidades nadie hablaba.

A pesar de que las mujeres éramos abierta mayoría en aquel plantel, un aire autoritario, profundamente patriarcal, hervía debajo de aquellas estructuras modernas y de aquel proyecto generoso, forjado por un ideal de igualdad que no siempre podía mantenerse una vez las alumnas salían a la desalentadora realidad después de la graduación. Cuando el fundador, un hombre ilustrado y poderoso, pisaba el colegio, las profesoras, que vestíamos como uniforme unas batas enormes, pesadas, azules, obligatorias, teníamos que quitárnoslas y en formación darle una por una la mano a aquel señor, llamándolo doctor. Alguna vez, quizá para su cumpleaños, todas las alumnas, filadas en el patio, le cantaron la que debía ser su canción favorita, *Pero sigo siendo el rey.*

Sublevadas frente a lo que nos parecía un ritual un tanto abyecto, unas pocas profesoras decidimos en una de aquellas visitas dejarnos puestas nuestras batas llenas de tiza y omitir la palabra *doctor* de nuestro saludo. Buenas tardes y punto. No sé si algún impacto pudo tener en el establecimiento ese gesto de rebeldía casi insignificante, pero sí que dentro de mí había empezado a crecer el desacuerdo con los gestos despóticos que venía descubriendo. Y fue entonces cuando un golpe de autoridad, seco e iluminador como un rayo, sacudió los cimientos del colegio. El grupo de once estaba a punto de salir a la excursión programada cada año a un lugar que las llenaba de ilusión, cuando alguien de las directivas «descubrió» en la maleta de una estudiante una botella de vino. El escarmiento fue brutal: por no haber acatado la prohibición de no llevar alcohol se suspendió el viaje de las sesenta alumnas a punto de graduarse. En las maletas quedaron los vestidos de baño recién comprados, las sandalias, los desodorantes que el calor las iba a obligar a usar. Una especie de silencio rencoroso se extendió por las aulas, el comedor, los corredores, los jardines. Yo supe que después de ese mazazo al sueño de aquellas adolescentes no quería estar más allí. La suerte quiso que me llegara una propuesta de ser maestra en la Universidad Nacional, así que di media vuelta, sin nostalgias, y abandoné para siempre el mundo de la enseñanza media.

Poseída

La poesía raramente nace de la paz, de la conformidad, del sosiego. Ya lo dijo, y muy bien, Natalia Ginzburg: «La satisfacción es un sentimiento de naturaleza tibia y de valor inferior. Es un sentimiento incompatible con la poesía. La poesía sólo nace de sentimientos no tibios y de cualidad apasionada. Nace del dolor, o de la rabia, o de la inquietud, o, al fin, de la felicidad. Nace de los deseos incumplidos, porque en los deseos incumplidos el hombre ve reflejada la condición humana. Pero de la satisfacción jamás nace la poesía».

De mi perpetua sensación de frustración, de aquel sofoco, nació un verso en una mañana vacía. Corrí a escribirlo. Lo repasé en el día varias veces, como un mantra. Y por la noche lo uní a otro. Como el que se repone de un accidente y ensaya a caminar, y lo logra, y llora, así volví a lo que me había hecho feliz no hacía tanto. Después de haber descubierto en la universidad la «ilógica búsqueda» de Vallejo y de Neruda en *Residencia en la tierra*, traté yo de llegar a esa dislocación de la sintaxis, pero sin lograrlo: se paga un precio eterno por haber sido educado en la opresión del orden. Aun así, empecé a vivir sólo para mis poemas. En la ducha, en cada pausa, antes de dormir, repasaba posibles versos como una posesa, que apenas podía consignaba por escrito con mi letra monjil en cuadernos que compraba para tal efecto. Estaba ebria de palabras. Sólo leía poesía. Como dicen los que han tomado yagé, era como si me hubiera liberado de la bilis negra que me oprimía las vísceras, y ahora estuviera inundada de luz solar. Tendrían que esperar todavía casi quince años esos poemas para lograr su publicación. Por lo pronto, me servían de remos para desplazarme en las aguas densas de mi descontento. Y eso era ya bastante.

* * *

Todo el que se haya enamorado alguna vez sabe que ese estado transitorio, que nos vuelve delirantes, temblorosos, peligrosamente felices —o infelices—, desata la imaginación y la capacidad metafórica, aviva unas percepciones y obnubila otras, y nos hace propensos a la ensoñación y a encontrar «motivos» —una música, un lugar, una frase— que se convierten en claves secretas de nuestra relación con el otro. El enamoramiento instala en nosotros una inquietud permanente, extiende una bruma sobre nuestras tareas cotidianas, que de repente nos parecen insulsas y anodinas, y, por un fenómeno puramente químico pero que interpretamos como mágico, nos hace dueños de una belleza nueva, de una energía que nos hace arder como llamas perennes. Eso sí, amenazadas de cuando en cuando por turbiones desestabilizantes.

Existe —muchos lo han dicho ya— una relación entre la pulsión amorosa y la pulsión de la escritura. La poesía, ese género que se escribe en la frontera entre la lucidez de la racionalidad y la oscuridad del subconsciente, es el lenguaje que mejor expresa ese estado de enajenación. Algunos escritores son capaces de escribir de amor cuando lo están viviendo a plenitud, pero son más los que escriben movidos por las pérdidas amorosas, los amores imposibles o los amores contrariados, como los llamaba García Márquez.

Los primeros poemas que escribí, ya en serio, nacieron de un amor inalcanzable.

En mi adolescencia fui propensa a los enamoramientos platónicos. A los trece me inventé que estaba enamorada de uno de los pacientes del hospital psiquiátrico en el que trabajaba mi tía monja, un hombre barbado, de mirada oscura, que estaba allí por alcoholismo. Su aire de desdicha y el tener una adicción semejante a la de los poetas malditos, que empezaban a fascinarme, hicieron que llenara las páginas de mis cuadernos con su nombre. Nicolás, Nicolás, Nicolás. En otra ocasión —y durante una hora y media— tuve un enamoramiento súbito por un violinista de la orquesta del concierto al que asistía: desde mi butaca sentí que aquel hombre tenía una belleza interior que prometía pasiones pero también desventuras. Más tarde, en mi temprana juventud, tuve un amor platónico desestabilizador, dirigido, como casi siempre en estos casos, a un ser ajeno, imposible, con el que me cruzaba a menudo, que tenía algo de etéreo, de ángel extraviado e inalcanzable. La mirada de sus ojos oblicuos, de un azul desvaído, me causaba hondas perturbaciones, y su cuello y sus manos despertaban en mí un deseo doloroso. A veces conversábamos tomándonos un café. Cuando me levantaba para irme, podía experimentar en mi espíritu lo que significa la palabra pasión, *passio*, sufrimiento: despegarse, alejarse, llevándose el deseo frustrado de la piel y de la boca y de las palabras esperadas que nunca saldrían de ella, sabiendo que regresaba a un mundo plano pero que yo me encargaría de llenar de ensoñaciones.

Aquella vez me di a escribir poemas que nacían del desconcierto, de la opresión feliz del corazón, de esa tortura. «Se toma fotografías a lo que no se puede poseer», escribió James Clifford, y lo mismo podría decir yo de aquellos versos que intentaban fijar, no al otro, que era prácticamente un desconocido, sino el flujo de emociones que no encontraba el tubo de escape de la consumación del deseo. Las palabras salían de esas oscuridades, revueltas, poderosas, consoladoras. Un enamoramiento me había llevado a otro. Me enamoré de nuevo de la poesía, pero de una manera distinta a la de mis catorce años.

* * *

Nunca olvidamos cómo amamos cuando amábamos. «Se graba a fuego lo que se quiere que permanezca en la memoria», escribió Nietzsche.

Creo que es Ortega y Gasset el que define el enamoramiento como una enfermedad transitoria. Una enfermedad de la que no queremos o no sabemos curarnos. El que se enamora suele dormirse sano y dueño de sí y despertar incendiado, tocado mágicamente por el delirio, como Titania o Tristán e Isolda después de haber tomado el bebedizo. Y ya no hay paz. Y menos puede haberla cuando el turbión interno debe permanecer sofocado, pero amenaza con romper los diques. La imposibilidad es el combustible que aviva el fuego del amor platónico, la imaginación la leña con que lo alimentamos, y la palabra el oxígeno que permite que podamos respirar en esa otra realidad de bruma que viene a suplantar la cotidiana, que ahora nos parece inane y aburrida.

Los enamoramientos pasan, pero quedan impresos de forma distinta en la memoria. Los amores que tuvieron consumación plena, pero terminaron estropeados, como zapatos viejos, se recuerdan como lo que fueron: rocas enormes que sirvieron para posarnos durante un tiempo, parajes muy concretos que terminaron siendo invadidos por la maleza. Su peso específico en la memoria emana de su condición real, que a menudo nos incomoda. Porque, como escribió Elizabeth Hardwick: «No hay quien se haya sumergido seriamente en él [amor] y no haya resurgido con la sensación de haber sido violentado, cuando no, más a menudo, de haber cometido la violación de uno mismo». Una violencia sufrida o una violación propia que nos avergüenzan. Los amores platónicos se recuerdan, en

cambio, como los sueños, o como evanescentes y precio-
sos atardeceres en una playa. Pero son los amores incon-
clusos los que viven para siempre como un motivo poéti-
co. Esos resisten todos los vientos. Son como esos sabores
que adoramos en la infancia y no volvemos a recuperar
jamás. De ellos sólo sabe hablar la poesía, como bien lo
prueba este poema de Eila Kivikk'aho:

Recuerdo

> Las palabras no podían
> mover montañas,
> las palabras no servían
> siquiera para abrir
> mi puerta.
> Pero cuando te fuiste
> las salvé calentándolas
> con las manos
> como a pajarillos
> desmayados al golpearse
> contra la vidriera.

Por el campus

Sexo y política

Cuando supe que iba a enseñar en la universidad pública, profundamente politizada en aquellas épocas, me di a repasar mis lecturas marxistas, convencida de que debía llegar armada de una coraza de hierro y de conceptos firmes, sin fisuras, para estar a la altura de las exigencias de mis estudiantes. Al fin y al cabo, yo venía de un mundo escolar donde el vínculo fundamental con mis alumnas estaba dado sobre todo por el entusiasmo, la empatía y los afectos. Uno de mis cursos en la Universidad Nacional lo dictaba a las cinco de la tarde, en un salón remoto, cerca de los prados donde pastan los caballos que sirven a los estudiantes de Veterinaria. Era hermoso llegar a esa hora crepuscular en que el campus se va quedando solo, mientras a lo lejos se oían las notas de los instrumentos de los estudiantes del conservatorio. Era como si de pronto hubiera alcanzado una mayoría de edad profesional, en un mundo infinitamente más libre que aquellos donde había estado encerrada hasta entonces. Tan libre, que en aquel salón de clases marginal, destinado a los profesores sin experiencia como yo, lo que se abrió a mi vista, en la blanca pared del fondo, no fue la hoz y el martillo que me había imaginado, ni la cara del cura Camilo Torres, sino lo que creí, en principio, que era el dibujo de una extraña planta amazónica de tallo poderoso, una especie de palma que abría sus hojas para alegrar aquel lugar escueto. Una segunda mirada me permitió comprender que se trataba de un pene gigantesco, de no menos de tres metros de altura, pintado con carboncillo con gran lujo de detalles, incluido el semen que se derramaba por la pared en gruesas gotas.

Interpreté esa imagen hiperbólica como una señal de que no todo iba a ser rigor y saberes dogmáticos, y me relajé. Pero la prueba de iniciación apenas empezaba. En la primera clase de literatura, unos machitos que querían poner a prueba a la recién graduada que era yo ensayaron a boicotearme con bromas y puesta en cuestión de mis afirmaciones. Me bastaron unos minutos para darme cuenta de que la única manera inteligente de desarmarlos era con humor, de modo que hice toda clase de esguinces para sortear sus provocaciones, y salvé así para siempre mi dignidad. Sin embargo, había otras acechanzas. La universidad pasaba por un mal momento. Turbay Ayala la había militarizado, y cada tanto oíamos, desde los salones de clase, el ruido tenebroso de las botas de los pelotones de soldados, que desfilaban por las avenidas universitarias encargándose de intimidarnos. Los estudiantes se movían en sus sillas, nerviosos y desconcentrados. Para colmo de males, empecé a percibir que en el interior del departamento donde trabajaba se daban unas luchas a muerte, soterradas y traicioneras, de esas tan propias de la academia, llena de egos y vanidades en cualquier parte del mundo. Y me enteré por azar de que yo había sido llevada como un alfil para equilibrar fuerzas. Por otra parte, la intrincada burocracia estatal hizo que durante diez meses no recibiera sueldo. Me empezó a invadir un desaliento que se acentuaba por el hecho de que me habían puesto un horario infame, con una clase al mediodía y otra al final de la tarde. Estaba exhausta. Así que cuando me llamaron, un año después, para que fuera profesora en mi *alma mater*, no lo dudé ni un momento. La persona que me había llevado a la Nacional, una mujer de izquierda, pequeñita, recia, a la que se le iluminaba la cara cuando sonreía, pero estragada por las rencillas internas, se lo tomó como una traición. Me hizo saber con tono agrio que eso era lo que podía esperarse, naturalmente, de una mujer burguesa. Aunque regresé un tiempo después a la Nacional a dictar algunos cursos, hice allá mi maestría en los años noventa, y en mi memoria perdura como un lugar especial, a la vez fascinante y desolado, no me arrepiento ni por un instante de mi decisión de aquel momento.

* * *

Toda pasión encierra felicidad. Y entre las mías se contó siempre la de enseñar. En el colegio, a esas adolescentes distraídas, que dramatizaban sus amores y sobrellevaban, casi todas, vidas amargas; en la universidad pública, a unos alumnos que tenían una adultez insólita, aun a los diecisiete, cargados de cinismo, de mirada escéptica, de provocación y a veces de resentimiento; y en la universidad privada donde estuve treinta años, a mis asépticos alumnos, dueños de múltiples referencias, a menudo receptivos y amables, otras veces desdeñosos y enconchados, con suficiencia de intelectuales que miran ya el mundo desde su atalaya imperturbable o de privilegiados a los que el resto del mundo poco les importa. Pero nunca fue fácil y todavía hoy me pregunto si no dilapidé demasiadas horas preparando minuciosamente mis clases en vez de estar leyendo todo lo que mi avidez me pedía que leyera. Pero todas estas reflexiones *a posteriori* son inválidas. El presente nos enceguece, y en mis inicios como maestra yo quería ser muy buena, quería ser admirada, quería ser querida, pero sobre todo quería abarcarlo todo. Siempre he sido curiosa, y arrastrada por la curiosidad —y por el perfeccionismo y la inseguridad y la vanidad— puedo leerme un libro para escribir un párrafo. Y, por tanto, en aquellos años naufragaba en medio de un mar de referencias, de relecturas, de cerros de fichas de datos y de plumones de colores con los que subrayaba cada tema, en un deseo eterno de ordenar lo que no tenía orden.

A los treinta años había recibido ya dos o tres lecciones importantes. Después de dictar mi primera clase en el colegio, una alumna se me acercó y de manera intrépida y generosa me dijo que dar la clase de pie nos convendría más a todas. Yo había estado petrificada en mi silla, con los dedos pegados a mis fichas de datos. Le agradecí. Su consejo modificó toda mi vida de docente. Ya en la universidad, después de una clase en que hice en el tablero un gigantesco cuadro sinóptico de los Tudor para enmarcar a Shakespeare, otro alumno inteligente y atrevido, un chico judío que exudaba seguridad en sí mismo, me hizo ver, en voz baja pero con una crudeza iluminadora, que me podía ahorrar un ejercicio tan pueril y vano y dedicarme a saberes más sustanciosos. Tiempo después le oí decir a un profesor muy apreciado en los Andes que un maestro debía mostrar siempre a sus alumnos que no era el dueño de un saber sin resquicios sino un hombre vulnerable. Esa aseveración suya me permitió soltar mis miedos y apelar a todo lo que también era mío, el humor, la ironía, la capacidad de conmoverme.

Enseñar, cuando esta palabra se toma en serio, es un acto que exige mucha generosidad pero que no está exento de narcisismo. El movimiento es doble. Los ves, a todos: a ese que asiente repetidamente, y así logra llamar tu atención; al que sonríe para sí mismo porque está descubriendo —y ese te enternece—; al que dibuja en los márgenes de sus cuadernos, ensimismado, fingiendo desinterés, y al pedante, que espera su momento para lucirse. Te esfuerzas, porque si no eres original en tus aproximaciones, si no eres audaz aun en el conservadurismo, si no tienes flexibilidad, capacidad de asociación e improvisación, y ritmo, sobre todo ritmo, aquellos muchachos y muchachas que te escuchan sucumbirán a la indolencia que ya llevan dentro, al deseo de despreciar, de adormilarse como gatos perezosos. Y mientras das tu clase los amas a todos, en abstracto, con una fe remota en su sensibilidad, pero a la vez te son indiferentes, porque finalmente son presencias pasajeras en ese largo trasegar de la docencia. También tú te amas mientras expones, te alegras con tus repentinos hallazgos, te felicitas internamente después de una buena faena, hasta que *a posteriori* algún balance interno te revela todas las cosas importantes que podrías haber dicho y no dijiste.

Yo enseñé siempre con todo el cuerpo, firmemente soportada por la tierra, aun cuando mis alumnos me percibieran inmóvil, sin sospechar hasta qué punto iba yo volando por las circunvoluciones de mi cerebro, temiendo sobreactuarme, pero dispuesta a perdonarme si lo hacía. De mis clases salía siempre con las mejillas afiebradas y el corazón acelerado. Con la serotonina, la dopamina, las endorfinas y la oxitocina en plena actividad y equilibrio. Al fin y al cabo lo que en el salón sucedía era un intercambio amoroso. Por eso la preparación nunca me resultó aburrida. Pesada, sí, fatigosa también. Pero siempre estimulante y llena de descubrimientos. Toda esa felicidad era aplastada de golpe, sin embargo, por la corrección de trabajos, que me hacía descender al infierno de lo interminable. Y de lo indeterminable. ¿Cuándo 3, cuándo 4, cuándo 5? Lo único sencillo era un 1 decidido y rabioso. Que era casi nunca, pero que ejecutaba como un verdugo sin rastro de piedad.

* * *

El primer día de trabajo en la Universidad de los Andes, después de una reunión en mi departamento, uno de mis colegas me invitó a almorzar. Dónde, no recuerdo. Pero sí lo que sucedió. En algún momento, aquel hombre rubicundo y melifluo, doce años mayor que yo —ahora lo sé—, mientras intentaba deslumbrarme con sus *boutades*, empezó a garrapatear algo en una servilleta que me alargó enseguida con gesto teatral: se trataba de un poema de su inspiración, que había brotado en segundos de su cabeza, y que me pareció, cuando lo leí, un verdadero galimatías. Sonreí estúpidamente, preguntándome para mis adentros si quizá estaba ante un genio y mi desconcierto se debía a que, a esa edad mía, treinta años ya, me enfrentaba a la sorpresa de que yo no sabía nada de poesía. O a que me había quedado anclada a otra época mientras las vanguardias corrían a una velocidad que yo ya no iba a alcanzar jamás.

La universidad está plagada de impostores. Me retracto: tal vez no plagada pero sí salpicada de ellos, personajes a veces insignificantes, a veces siniestros, que logran embaucar a sus alumnos con lo que Natalia Ginzburg llama «ideas artificiosas». Las universidades los toleran porque hacen parte de su ecosistema, elementos naturales que crecen a expensas de las jergas del saber, como el moho en los alimentos. Y porque los estudiantes que se rinden de admiración frente a los impostores, algunos de ellos ingenuos, otros simplemente pretenciosos y deseosos de originalidad a todo trance, pueden terminar quemando las instalaciones si se prescinde de sus «maestros». No hay impostor que pueda existir si no lo sostienen sus fanáticos. La filosofía, la sociología, el arte plástico, la literatura, y, sobre todo, el psicoanálisis, son territorio propicio para que proliferen el fraude y la impostura.

Académicos hay de toda clase, pero un intento de clasificación resulta posible si simplificamos. Están, por supuesto, los geniales, sabios y rigurosos. Son pocos. Los seductores —los menos—, los serísimos y los pomposos, los neuróticos, los alelados, los excéntricos. Los maltratadores. Los utópicos y los entusiastas —que pueden venir en empaque dos por uno—, resistentes a la desesperanza, confiados en que su palabra puede transformar almas y mentes, algunos buenos como el pan, otros soberbios o mesiánicos. Los que siempre se están yendo —a escribir un libro, a una maestría, a un trabajo menos esclavizante, a terminar una tesis, a sembrar árboles en el campo— y nunca se van. Los originales, que van por el campus perseguidos por sus propios destellos. Los sin imaginación, planos, correctos, aburridos de sí mismos o, por el contrario, flotando en el magma espeso de su propia satisfacción. Son los que ciertas facultades prefieren, porque garantizan el orden opaco que les permite no correr riesgos. A esos los llamo los grises por naturaleza, porque hay otros grises, trágicos, conmovedores: los que fueron una promesa, tuvieron brillo y bríos, y se fueron marchitando en las aulas como esas aves espléndidas que vemos en los mercados populares con la cabeza aplastada por el techo de sus jaulas.

El impostor de marras, que duró años y años en la universidad —porque en las universidades es más difícil desembarazarse de un mediocre que de un delincuente—, se burlaba de las chicas gordas o con acné, sabía si este estudiante era hijo de un político o de un industrial millonario y, ahora lo sé porque he recibido testimonios, acosaba a sus estudiantes, de formas más o menos veladas, pero que muchas veces terminaban en la cama. Grotescamente les acercaba los labios en clase, mientras el público reía o se mordía la lengua con indignación. Nadie lo denunciaba. Un día se presentó en clase con un cepillo de dientes en el bolsillo delantero de su chaqueta, para ilustrar en qué consistía un objeto descontextualizado. Sostenía que la palabra *chompa* derivaba del latín *cumpanis*, compañero, con el que compartes el pan, y que *Los maderos de San Juan* de José Asunción Silva es un poema de protesta contra la deforestación. El gran talento del impostor que funge de intelectual es el de relacionar elementos que no tienen nada que ver, pero no para revelar, como hace la metáfora en la poesía, sino para proponer significados abstrusos. La oscuridad es su luz. Yo me pregunto qué pasa cuando se acuesta y vuelve a ser él mismo. Si su verdad lo aflige. O si, como los mitómanos, cobija con sus fantasías su baja autoestima.

* * *

Fueron buenos aquellos primeros tiempos. Después de dictar clase nos estaba permitido migrar a nuestras bibliotecas privadas, donde nos sentimos a nuestras anchas, en vez de estar sometidos a horarios de oficina en cubículos estrechos y fríos y compartidos con otros colegas. Podíamos ser irónicos o usar humor negro en el aula sin temor a las explosiones indignadas de la ultracorrección política. Y podíamos mirar a los ojos a los estudiantes sin ningún miedo, aunque los depredadores hacían de las suyas con mucha mayor facilidad que hoy y, como ya dije, con garantías casi seguras de impunidad.

El entorno académico me deslumbró. ¿Por qué? A mi alrededor había lucidez, entusiasmo, ingenio. Casi todos mis colegas tenían un humor filoso, cruel, el humor inteligente de los intelectuales, capaz de la autoparodia, pero también de la acción ponzoñosa. En nuestras manos el humor fue durante muchos años un arte que se perfeccionaba, alimentado por el conocimiento mutuo, por nuestras fortalezas y nuestras debilidades, y en las reuniones flotaba y se reventaba con la gracia leve y chispeante de las pompas de jabón. Algunas amistades crecieron en ese medio reverberante, y unas pocas duran hasta hoy. En los primeros meses recuerdo verme en montones de reuniones, oyendo a otros hablar con fluidez y convicción sobre todo lo habido y por haber. El fervor y la avidez me mantenían en un estado de alerta y euforia que me hacía sentir que descendía a unas profundidades que nunca antes había alcanzado, ni siquiera en mis épocas de estudiante. Decía que sí a todo, como si acabara de ingresar a un partido que exigía de mí tiempo y fe en la causa. Como siempre me vi más joven, tenía miedo de no tener credibilidad, así que redoblé esfuerzos y traté de ser pertinente, incisiva y clara en mis juicios. A veces lograba despertar interés en mis colegas, entusiasmo incluso. A veces, sin embargo, mi inexperiencia me hacía volver a caer en la trampa del engaño.

Recuerdo un almuerzo en la casa de una colega al que me invitaron a última hora. No éramos más de seis, y el invitado importante era un extranjero, una figura de la filosofía que pasaba unos meses en la universidad. Viene a mi memoria como un hombre muy alto, con una frente amplísima que remataba en un montoncito de pelo rizado y los anteojos sin aro que siempre han usado los intelectuales. Aquel hombre era verbo puro. Hablaba convencido de que todo lo que decía era importante, dejando caer frases lapidarias y estableciendo relaciones inesperadas, feliz de impresionar a su público. Lo que pedía no era escucha sino adoración. Y la tenía. Sus oyentes aprovechaban alguna pausa suya para introducir rápidas observaciones, que eran intentos de contribuir a la conversación, pero también de no quedarse atrás. Sólo yo permanecía en un silencio que empezó a parecerme bochornoso. Si me habían invitado a ese almuerzo, pensé, sería porque esperaban algo de mí. Algo, una frase, un pensamiento, una broma. Un mínimo indicio de inteligencia o al menos de don de la oportunidad. Pero nada: mi cerebro se negaba a cualquier participación. Entré en un estado distinto, parecido al de la duermevela, que no era otra cosa que terror reprimido, donde las voces se alejaban de mí. Oh, Dios. El discurso del hombre era abstruso, rebuscado, siempre lo había sido. Esa era la razón, me excusé para mis adentros, de que yo no diera pie con bola. Pasaron minutos, horas, años, y yo permanecía muda, estupefacta, odiándome y odiando aquella situación. En algún momento aquel almuerzo tenía que terminar, y terminó. Recuerdo que llegué a mi casa achicopalada, triste, maldiciéndome. No había salido con nada. El tiempo, que todo lo cura, me permitió, por fortuna, ir viendo cómo el entorno empezaba a desconfiar del personaje, a tildarlo de deshonesto y mentiroso. No me consta. Sólo me queda clara aquella laguna infinita donde mi pensamiento se congeló hasta reducirme a la inexistencia. El miedo a la insignificancia. El mundo en blanco. Me habían puesto a prueba —creía entonces— y yo no había sabido responder.

* * *

Una vez a la semana debía asistir a una reunión infinita, que para mí no era ningún tormento. Reformábamos algo, seguramente, porque en las universidades siempre hay fiebre de reformas. Nos sentábamos a las dos y a las seis todavía no acabábamos. A los académicos les gusta hablar. Objetar. Argüir. La acción no es su fuerte. Allí estábamos el decano, un hombre mayor con una respetabilidad a toda prueba, los jefes de departamento, los profesores designados, dándole vueltas a cada idea como si fuéramos inmortales. La secretaria me hace un guiño desde la puerta, me pide que vaya. Al teléfono de la facultad está Camila, de quince años, diciendo que le duele mucho, que si me demoro. Pues son las tres, le digo, y la reunión va mínimo hasta las cinco. Pero mamá. Tómate una Buscapina, le digo, que debe ser un cólico menstrual. Ponte una bolsita de agua caliente. El papá no va a llegar antes que yo, le explico, porque jamás llega antes, pero apenas termine salgo disparada para la casa. Vuelvo a mi lugar, ligeramente desconcentrada, disimulando la inquietud que ha desatado en mí esa llamada, repitiéndome que no puedo salirme antes y poniéndome plazos imaginarios. Esto es importante, me repito, asumiendo una esclavitud voluntaria, cómo me llaman por un dolor de estómago. Habla el decano. Discuten minucias. Algo me dice que debo irme, pero no me decido. A las cuatro me escabullo, culposa, y atravieso la ciudad insoportable con impaciencia. Son las cinco cuando encuentro a Camila retorciéndose de dolor y vomitando. Una llamada al médico y todo cambia. En urgencias la dirigen de inmediato al quirófano con diagnóstico de apendicitis.

Ay, Piedad, en qué te estás convirtiendo. En un asalariado sumiso, en uno más de los millones de obedientes que además se creen indispensables. En aquella sala de espera paré en seco. Abro al azar un libro de Anne Dufourmantelle, que me habla como si fuera el *I Ching*: «Proyectados en el hacer, en la acumulación de los bienes y la agitación de vidas urbanas sometidas a ritmos y contrarritmos múltiples, nos separamos insensiblemente de nosotros mismos».

* * *

Mi primer jefe era un hombre amable, de maneras muy formales. De él había sido la idea de llamarme a trabajar a la universidad, de modo que le estaba agradecida. Pero no tanto como para complacerlo: quería que yo diera una charla de tres horas sobre Dostoievski dentro de un ciclo de conferencias que iba a dictar el departamento. ¿Yo? Sí. ¿No ha leído a Dostoievski? Claro que sí. ¿Entonces? Pues, que no basta con haberlo leído. Pero tenemos mes y medio. Tiempo de sobra para preparar. ¿Era una orden disfrazada de petición? Si fue así, la solicitud fue tan insistente y delicada, casi un ruego, que al día siguiente me estaba releyendo la obra completa del autor ruso. Dios. El cristianismo. Matar al padre. El superhombre. Más y más bibliografía. Horas de lectura, horas de insomnio, el deber como una forma de tristeza, la rabia que me hace subrayar más duro, lo que ya no hay en la nevera, la cartulina que hay que comprar a última hora, la culpa como motivo, la tiranía del padre, y el día llegado, el público, el miedo, la entrega, tres horas que me parecieron seis.

Me había excedido y había quedado hecha polvo.

Días después mi colega el impostor, que había visto en mis ojos la desconfianza que me causaba, dejó caer, como

173

si nada, en medio de un consejo, la frase definitiva. Charlas escolares, dijo, sin señalar a nadie, pero el dardo hizo mella, se refiere a mí, pensé, mientras notaba su boca torcida, sus ojos color barro entornados, su rubicundez exasperada, y lo oía repetir, escuelero, mientras yo me examinaba, rencorosa, pensando en las muchas horas de preparación, en mi cansancio, en mi incapacidad de negarme a lo que me pedían, en si ese tipo horrible tenía razón o yo me estaba volviendo loca. Otra vez la cuerda a punto de reventarse.

Ayúdate

Fue como un rayo. O por lo menos así lo recuerdo. Me bajé del bus o del carro, no lo sé, y subí las escaleras de la universidad sintiendo un malestar que me era familiar y, por lo mismo, me aterrorizaba. Una inquietud en el pecho, náuseas, el estómago revuelto. Un ataque de ansiedad, como los que me daban cuando acudía a aquel primer trabajo, ese del colegio de niñas en que me explotaban de manera infame poniéndome a dar clase en cuatro niveles. Habían pasado casi diez años y no pensé que algún día tuviera que volver a sufrir ese tormento. Entré al baño, y como la niña de doce, la adolescente de dieciséis, la joven de veintidós, vomité. «De esa manera se abate sobre ti la crisis mental —escribe Rosa Montero en *El peligro de estar cuerda*—. Parece venir de fuera y te secuestra».

Así es. Así la viví siempre, como un enemigo maligno que «llegaba» y se apoderaba de mí. *El Horla*, lo llamó Maupassant en su célebre cuento, utilizando la contracción de «Hors là», que se puede traducir como «ahí fuera». Ahí fuera está el otro, el que te aterroriza, tu doble malsano. Dicen que *El Horla* lo escribió cuerdo, pero que el escritor temía a la locura, pues su hermano menor había muerto loco. Atormentado por el delirio —que parece

174

que era causado por la sífilis— Maupassant intentó suicidarse dos veces, después de lo cual fue internado en un hospital mental donde, ya completamente alienado, murió a sus tempranos cuarenta y tres años. Otro más de tantos escritores desdichados.

Alguna vez una amiga me hizo notar que mis personajes vomitan mucho. No me había dado cuenta, pero no me sorprendí: es la forma en que algunas personas reaccionamos al miedo. Mi madre me confesó que en su juventud sufría de ansiedad y vomitaba. Se curó de espantos a los treinta y nunca más. A mi padre los nervios le provocaban arcadas los lunes por la mañana. Después de que murió mi hijo Daniel me enteré de que vomitaba de angustia desde los catorce años, pero siempre me lo ocultó. Yo sentía náuseas cuando sufría los episodios de ansiedad con los que tuve que lidiar por años. Pero aquella vez fue distinto. Cuando terminé de expulsar aquel líquido viscoso y me dirigí a cumplir mis deberes, ya era otra. Había comenzado la pesadilla.

* * *

Fue una depresión y me duró ocho meses. La única que he tenido en mi vida (toco madera), salvo una depresión posparto. Trato de establecer en qué época fue. No había nacido Daniel, que era del 83. Y ya estaba en los Andes, a donde entré en el 81. Debía tener un poco más de treinta años, y, además de la sobrecarga de trabajo, estaba pasando por una vicisitud doméstica que, contada, suena a chiste, a fruslería: estaba viviendo, transitoriamente, donde mi suegra, mientras nos entregaban una casa nueva que estaba a punto de ser terminada, con un altillo ensoñado y un jardín hermoso, donde mis dos niñas podrían jugar. Las mujeres hacemos esas cosas, sobre todo si somos jóvenes: decir que sí, dócilmente, a algo que nos incomoda, en aras de la armonía conyugal. No serían más de dos o tres meses, argumentó mi marido. ¿Tan grave era? Pues no. Pero en aquella casa ajena me sentía en condición de asilo, despojada, con todo lo que me era familiar metido en cajas o almacenado en una bodega. En estado de desplazamiento y enfrentada a otras rutinas, otros ruidos, otra alimentación. Ya no tenía yo el control.

Los tres meses fueron seis.

No todo tendría que achacárselo a esa circunstancia fortuita. Trabajaba más de la cuenta, como había hecho siempre. Y hacía poco había perdido a una buena amiga. Tal vez lo que llaman la tormenta perfecta para un temperamento como el mío y con una frustración a cuestas: tenía ya más de un puñado de poemas, pero no creía que le interesaran a nadie. El oído se me agudizó: la radio que oía a lo lejos me causaba un malestar profundo, un vaso que se rompía me sobresaltaba, odiaba el sonido de las bocinas de los carros, de las alarmas, de las sirenas de las ambulancias. Perdí el apetito: cuando me llevaba la comida a la boca no podía deglutirla porque me faltaba saliva. Perdí ocho kilos en seis meses. Como en la adolescencia, me despertaba a las cuatro de la mañana sintiendo un terror absoluto del día que se me venía encima, y aun así me levantaba y me disponía a irme al trabajo. Pero cuando entraba al cuarto de baño, me acurrucaba unos minutos contra la pared, encogida sobre mí misma, como una niña desamparada debajo de un árbol en medio de una tormenta. No tenía fuerzas.

Cómo di clases aquel semestre, aún no puedo explicármelo. Descuidé mis hábitos, pero me vestía con el mismo esmero de siempre sólo para no dar la impresión de que me estaba desmoronando. Lo peor de una depresión —un término incomprensible para el que no lo ha vivido— son dos cosas: sentir que nada del mundo te interesa y no poder desconcentrarte de ti mismo. Al despertar, examinarse por un momento, a ver si hoy ya se realizó el milagro, si hay paz, quizá algo de dicha, un poco de energía.

Levantarse con lentitud y sentir otra vez lo que no puede expresarse. Lejanía. Sensación de ser distinto a todos, de que vas camino a la locura, y, más seguramente, al suicidio. Caminar, salir, pero siempre con los ojos hacia adentro, mirando qué pasa en la mente, en el corazón, en las entrañas. Quieres gritar «tengo miedo». Pero te callas. No deseas molestar a los demás. Porque te agobia la culpa: les estás estropeando la vida a los que quieres. Tímidamente le dices a tu madre que no te sientes bien, y ella te dice que eso va a pasar, que te ayudes. Ayúdate. No hay nada peor que un deprimido pueda oír. Porque eso traduce falta de voluntad, debilidad, incapacidad de superación. Entonces sientes que necesitas aire. Que necesitas naturaleza. Vas al jardín botánico, aspiras los aromas vegetales, te detienes frente a la perfección de las flores, contemplas la belleza de los árboles, y sólo puedes sentir la indiferencia de ese mundo que crece ajeno a su propio esplendor, un mundo que seguirá cambiante y magnífico después de que tú mueras. Porque la muerte es ahora consuelo y deseo. ¿Por qué no pedí ayuda? Mis experiencias con los psiquiatras habían sido malas. Y no eran tiempos para grandes gastos. Confiaba en que el tiempo haría el milagro.

Cada dos semanas iba a examinar cómo, mientras yo iba camino a la aniquilación, nuestra casa se alzaba con su hermosa sencillez, en medio de árboles. El arquitecto hablaba de cornisas, griferías, colores, y yo oía su voz como velada por una distancia infinita. Finalmente pudimos hacer nuestra mudanza. Y con ella, vino la obligación de ser feliz, de agradecer tanta ventura. Recuerdo una reunión de amigos que mi marido hizo para celebrar. El chocar de las copas, las risas, las bromas, y yo helada, trémula, deseosa de huir. Días después me empezaron unos dolores insoportables en el bajo vientre que me obligaron a pedir una cita médica. Estaba tocando a la puerta del consultorio cuando se hizo una oscuridad absoluta: el universo me había devorado. Cuando abrí los ojos estaba en una camilla y me estaban remitiendo al hospital. Colapso renal, crisis de colon. Mi cuerpo me había rescatado, gritando como siempre ha sabido gritar. Me llenaron de agujas, de cables, de sueros. Fue como ingresar de regreso al útero materno: a una burbuja acogedora, donde recuperé el sosiego y la tranquilidad. Allí estuve una semana, y pude llorar en silencio lo que en todos esos meses no había podido llorar.

La nada y el todo

Mi maestra se llamaba Beatriz de Quiroga, y era una mujer gruesa, de cara cetrina, firme y suave, de unos sesenta años o más. El salón de clase era enorme y lleno de ventanales que daban a un jardín. Allá llegué por mi amiga Teresa y a sus enseñanzas me entregué con la fe ciega de los desesperados. Volvía de la más infinita soledad, la que me había hecho contemplar la posibilidad de la muerte para salvarme. Beatriz nos hacía concentrarnos en un tercer ojo entre las cejas, en su luz. El yoga nos devuelve al mundo de la inmanencia y nos ubica en un umbral entre el yo que tiene un nombre y el universo, donde todo es ley natural y movimiento armónico. En realidad, lo que mirábamos era el fulgor del instante, del presente; y el interior de nuestro cuerpo, donde adivinábamos el peso de las vísceras, su silencioso funcionamiento que engranaba con el ritmo del cosmos. No hablo en términos esotéricos sino físicos y espirituales. Yo era la tuerca de un enorme engranaje. Ese pensamiento, que puede producir vértigo, paradójicamente me serenó.

El yoga nos salva del imperativo de la acción, y eso era lo que yo necesitaba. Entrar en mi propia oscuridad y flotar en ella. Esa entrega a unas horas donde el mundo se detenía empezó a permitir el reconocimiento de mi dolor. La posibilidad. El lento brotar de lo distinto. El hatha yoga me devolvió al territorio de la lentitud que había olvidado, y a un yo que ahora intentaba deshacerse de sus opresiones y sus tiranías.

Al mismo tiempo, abandonando mis prejuicios, empecé a contarme mi propia historia en voz alta en el consultorio de una psicóloga. Y al hacerlo, me vi como un *continuum*, con mis líneas argumentales, mis episodios y de algún modo mi sentido. En aquel lugar estrecho, de gusto dudoso, con una caja de Kleenex a la mano, mis frustraciones, mis traiciones, mis miedos, mis desafectos y mis rencores empezaron a salir de mi boca como de una recién abierta caja de Pandora. Fue allí donde lloré mi breve exilio en el internado. Mi terapeuta era una mujer angulosa que siempre llevaba un pañuelo al cuello, pero en realidad era el gran oído que yo estaba necesitando. Yo le hablaba a ella pero en realidad me hablaba a mí. Mi diálogo interior se hizo obsesivo, de modo que continuaba con él después de que abandonaba la silla de mis llantos. Eso creo que es lo que se espera. Así fue como acabé de comprender que por haber llegado temprano a tantas cosas, había llegado tarde a muchas otras. Una de ellas era la poesía.

No, no es rigurosamente cierto. A la poesía, como ya conté aquí antes, había llegado muy temprano: primero como lectora y como adolescente que intentaba hablar en versos sobre el amor y sus fantasmas; luego, como estudiante universitaria, con un poema sobre las bananeras —el único que recuerdo de aquellos tiempos— que me hizo descubrir que a mi cerebro le resultaba natural y placentero, enormemente placentero, crear imágenes y encontrar la música de las palabras; y después, a finales de mis veinte, con poemas que poco a poco habían ido brotando como un ejercicio compensatorio, pero que no lograban convencerme de que mi destino estaba en la poesía. Después de emerger del agujero negro de la depresión gracias al silencio restaurador del yoga y a la inmersión en mi yo resquebrajado, quedé embarazada por tercera vez. Había planificado con la T de cobre, un método que se usaba entonces, y Daniel nació con ella en la mano, mostrando así que había vencido todas las barreras en su deseo de nacer. Había esperado con ilusión ese nacimiento, porque a los treinta y dos años yo había alcanzado cierta madurez y sabía, por experiencia, de las muchas recompensas de ser madre. La estabilidad parecía haber llegado a mi vida. Mi hija mayor iba a llevarle doce años. Vivíamos bien gracias al trabajo de mi marido, pues mi sueldo como profesora era bastante miserable en aquellos tiempos, y lo sería todavía unos años más. La docencia es considerada en estos países un oficio de segunda. Ayudó un parto programado en la tibieza del agua, acompañada por el médico que supervisó mi primer embarazo, y a Daniel lo pusieron sobre mi pecho apenas nació, donde pude acariciarlo, entre lágrimas y risas, como suele recibirse a un hijo.

—¿Está bien?

Estaba bien. Estaba bien entonces. Tenía una cabeza redonda, unos ojos gachos, la piel canela. De mis hijos, el más parecido a mí.

* * *

Daniel nació el 24 de marzo de 1983. Una semana después, el jueves de Semana Santa, un terremoto asoló la ciudad de Popayán, causando la muerte a 267 personas. Oíamos la noticia con el alma en vilo. Y dentro de mí empezó a producirse otro sismo, que me volvió a causar alarma. Increíblemente, la alegría que sentí con ese advenimiento, la dicha de que fuera un hombrecito, una experiencia que iba a ser muy distinta a la de criar mujeres, fue siendo ensombrecida por algo que no acababa de entender. Tenía miedo, desasosiego, ganas de llorar. El silencio de los días santos me comenzó a resultar insoportable. Mi marido, que siempre había sido dormilón, dormía horas y horas. ¿Iría, ahora sí, a volverme loca? Tuve que esperar hasta el lunes para llamar al médico. En aquellos tiempos los médicos todavía atendían amablemente por teléfono. ¿Qué será lo que tengo, doctor? es una pregunta que muchas veces puede tener una respuesta brutal. Lo mío, me informó el doctor Acosta Lleras con voz serena, era *solamente* una depresión posparto. Y no había que hacer nada, salvo esperar a que desapareciera.

La depresión posparto la sufre un porcentaje de mujeres que oscila entre el 10 y el 30 %, y los síntomas van desde irritabilidad hasta deseos de suicidio, pasando por sentimientos de culpa, retraimiento, poca energía, falta de interés... Puede durar días o meses. Por suerte, a mí no me duró más de unas semanas.

Aunque suene inverosímil, dicen que también existe la depresión posparto en hombres. La incidencia es de un 10 %, mucho menos que en las mujeres, claro. Leo en internet que esta ha sido asociada con aumento de agresividad de los padres recientes, además de violencia de género, y no sé si reírme o llorar. Pienso que las madres deprimidas más bien lloramos en vez de volvernos violentas. En fin. Que ser padre o madre asusta, trae cambios en el sistema hormonal (en ellas), quita horas de sueño, trae gastos inesperados. Ay.

Nunca más, desde hace cuarenta años, he vuelto a estar deprimida.

* * *

Aquello ya era una familia grande. La disfrutaba. Volví a ser feliz dando clases. Y escribía, por fin escribía, cuando las tareas me daban tregua. Empecé a mostrar mis poemas, tímidamente, a algunos de mis colegas. Seis años después mi decana me propuso inaugurar la editorial de la universidad con *De círculo y ceniza*, un libro mío hasta entonces inédito, pero que había recibido un reconocimiento en un concurso. Nadie tenía experiencia en edición, ni ellos ni yo. Sólo voluntad y ganas. El resultado fue una edición extraña, mal diagramada, cuya portada estaba ilustrada con la imagen turbulenta de una pintura escogida por mí, *Spleen et Idéal*, del simbolista Carlos Schwabe, que, seguramente por costos, imprimieron en una especie de sepia y por tanto perdió su intensidad. No me importó. Había salido a la luz mi poesía y eso me bastaba.

En 1994 publiqué *Nadie en casa*, un libro desolado donde ya empezaban a campear dos temas, el de los desencuentros y el de la insatisfacción. La poesía me brindaba ahora todo su cobijo. Ese mismo año gané el Premio Nacional de Poesía de Colcultura con un libro sobre mi infancia, *El hilo de los días*. Con el dinero que me dieron pude financiarle a mi hija mayor, que tenía entonces veintitrés años, un viaje a Europa con dos amigas. Que la poesía, además de felicidad, diera algún dinero, me parecía un milagro. Pero más aún que ya tuviera tres libros de poemas, después de tantos años de dudas y postergaciones.

La espera 4.

Mi madre siempre tuvo gusto por la ropa, y aun en los momentos de dificultades económicas se las ingenió para ir bien vestida. Cuando éramos niñas, a mi hermana y a mí nos hacía ella misma vestidos hermosos, con modelos de revistas europeas. Una vez llegó a la casa con un montón de ropa fina entre una bolsa, y la fue repartiendo entre nosotros, que entrábamos apenas en la adolescencia. Abrigos de paño, chaquetas de cuero, suéteres de cachemir. Era como si hubiera atracado una tienda. Entre las prendas que me correspondieron a mí recuerdo unos pantalones elásticos, de un azul claro bellísimo, que yo relacioné con los que llevaban por aquellos años actrices como Audrey Hepburn, Natalie Wood o Julie Andrews. Todavía puedo sentir su textura sedosa, con leves repujados. Es ropa americana, dijo nuestra madre, y no había que explicar más. Quería decir fina, a la moda, novedosa. Pronto supimos el secreto: una vecina judía, rica, con niñas un poco mayores que nosotras, había hecho una venta de garaje de ropa usada, la que ya no les quedaba a la medida. Una pequeña sombra vino a posarse sobre mi felicidad. Había algo vagamente humillante en aquella compra. Tal vez éramos pobres y nunca podríamos estrenar «ropa americana». Pero decidí no pensarlo mucho. Me gustaba esa ropa y nadie tenía por qué saber de su procedencia.

Ahora, cuando voy a visitar a mi madre, cada tanto hace un elogio de lo que llevo puesto. El mismo elogio, idéntico, sobre aquello que le ha llamado la atención. Qué pelo tan bonito, le dice a mi hija. Qué ojos tan brillantes. En la nube de su cerebro todavía hay un espacio activo, el del gusto por lo bello. Ella misma está vestida de forma sencilla y cómoda pero armónica, con la ropa que ha elegido esa mañana la enfermera de turno, a veces de colores pastel, a veces de tonos oscuros, y siempre con sus discretos aretes y, de vez en cuando, uno de sus collares. Cuando comenzó a dar señales leves de demencia la médica que siempre la ha atendido nos advirtió que una de las manifestaciones más frecuentes del deterioro cerebral era empezar a combinar prendas sin ninguna lógica, algo que ya comenzaba a hacer. Una cosa similar sucede con algunas personas con bipolaridad, pero con una variante: cuando entran en lo que se ha dado en llamar la etapa maníaca, tienden a vestirse de manera más alegre, con colores más vistosos y, si son mujeres, a maquillarse más. Las enfermeras, pues, saben que deben cuidar ese aspecto de nuestra madre. Aunque nadie la visite, ese arreglo cuidadoso es una forma de conservar su dignidad.

Con mi padre tocamos temas aquí y allá, no sin dificultad. Le cuesta entender lo que digo. Los enormes audífonos de diadema le dan un aire moderno, de hombre siempre en trance de comunicación. Esta vez, como la conversación se agota, decido hablarle de las comidas que siempre le gustaron, y veo cómo se anima. Clases diversas de queso. Embutidos. Dulces. Me dice que le gustaría comer esto y lo otro, y yo voy tomando nota, como se hace con los pedidos de Navidad de los niños, para alegrarlo con alguno de aquellos caprichos la próxima vez que venga.

La vida está en otra parte

La huida

A los veinticuatro años me dieron una beca para irme a París. Me la otorgó la Alianza Francesa, donde había hecho cursos para perfeccionar el francés que había aprendido en la universidad. Me había inscrito convencida de que no tenía la menor esperanza. Cuando recibí la noticia, después del halago, sentí el peso de la frustración. La misma que debe sentir el que se dispone a salir para el concierto y descubre que la boleta de entrada ha sido triturada por la lavadora en el bolsillo del pantalón que se quitó el día anterior. Mi marido había conseguido hacía unos meses un trabajo con muy buen sueldo, así que ni siquiera me lo planteé: irme y desbaratar esa estabilidad era imposible.

Unos años después recibí una nueva oferta de viaje. En la universidad tenía varios alumnos chinos ya adultos, traductores que habían venido a perfeccionar su español y sus conocimientos literarios. Eran ceremoniosos, de una puntualidad casi alarmante, e impenetrables en todo lo concerniente a ellos mismos y a lo que sucedía en su país. Al final de cada curso, entre reverencias y sonrisas, me hacían regalos cariñosos, algunos interesantes, otros horribles. Cajitas chinas, calendarios para colgar, lapiceros con borlas, la edición china de alguno de sus escritores. Después de varios semestres de recibir mis clases, y cuando, muy seguramente, me tenían muy estudiada, me invitaron con mi familia a una comida hecha por ellos mismos. Recuerdo vagamente el lugar, una casa desangelada donde vivían en comunidad, pero tengo muy grabada la variedad de platillos que fueron pasando —sardinas fritas, gyozas, arroz de jazmín, verduras agridulces—, todo, en su afán de complacernos, acompañado de un concierto de bebidas que no rimaban unas con otras, pero con las que intentaban conciliar los gustos locales con los de su cultura: té, algún aguardiente, vino, cerveza. Cuando terminamos, con la amabilidad que siempre mostraron, y como quien ha reservado para el final el plato más exótico, nos expusieron su deseo de invitarnos, a nombre de su gobierno, dos años a China, donde yo sería profesora de literatura y nuestras niñas tendrían acceso gratuito a uno de los colegios internacionales en los que se educaban los hijos de los diplomáticos. Sobre qué actividad podría tener mi marido no dijeron nada, por lo cual colegimos que le esperarían dos años de muelle descanso. Eso sí, viviríamos confinados en la ciudadela dispuesta para los extranjeros, gozaríamos de las comodidades de esa comunidad, con todas las necesidades económicas cubiertas, pero con poco contacto con las realidades de la cultura china.

Mao había muerto en el 76, el mismo año en que, muy poco antes, había sucedido el incidente de Tiananmén y meses después el encarcelamiento de los miembros de la Banda de los Cuatro. Para cuando me hicieron la invitación, a principios de los ochenta, ya había pasado la desastrosa Revolución Cultural de Mao, y los reformistas, dirigidos por Xiaoping, comenzaban una nueva época de cambios y apertura. Eso resulta claro ahora, visto a la distancia, pero no en aquel entonces. Alcanzamos a considerar la invitación, yo me entusiasmé con la posibilidad de vivir en China, pero mi marido argumentó, otra vez, que debíamos privilegiar la estabilidad. La aventura, dijo, no nos convenía en ese momento.

Aquí debo hacer un paréntesis para confesar una culpa: durante mucho tiempo me dejé aniñar por el hombre resuelto, sin vacilaciones ni dudas, que había escogido para casarme. Aniñar es una de las formas más bienintencionadas y nocivas del machismo, que nace de la idea de

188

que somos «el sexo débil», como se le decía antes. Aniñar es, para los machos, sólo una forma de proteger. Eso me quedó en evidencia cuando fui a dar una charla en una universidad en Ibagué, por allá en los años noventa. Mi marido me acompañó. A la hora de la cena, noté, con rabia, que muchas de las preguntas que me dirigían eran contestadas por él, como haría el tutor de una persona que no tiene todas sus facultades. Cuando, ya en intimidad, le hice saber que eso lo consideraba un agravio, se sorprendió. Él ni siquiera lo había notado. Siri Hustvedt, que ha escrito sobre ese machismo endémico, lo explica así: «Las creencias profundamente arraigadas sobre la estructura social, las clases, el sexo y la raza pueden estar tan integradas en la forma en que la gente piensa, siente y actúa, que da la impresión de que estas percepciones, pensamientos, gestos, sentimientos y actos son "naturales", ordenados por la naturaleza».

* * *

Después de esas invitaciones, el deseo de vivir un tiempo en el exterior quedó enquistado en mí. El hecho de que todos mis hermanos hubieran estudiado fuera del país me hacía sentir como una prisionera de mis circunstancias, condenada a una vida previsible. A comienzos de los noventa empecé a sentir que me asfixiaba. Me sentía agobiada por la violencia arrasadora que hacía estallar bombas todos los días y que acabó con la vida de políticos de todas las tendencias, y con niños, abuelos, cientos de inocentes; por el caos de la ciudad, que me hacía pasar horas en atascos infinitos; por el intenso trabajo de preparación de clases, por las rutinas, y por las limitaciones de la vida doméstica, cargada de minucias y responsabilidades. Empecé a fantasear con otra vida. ¿Pero cómo armas otra vida? Tienes un buen trabajo, una pareja estable, unas hijas, un chico de siete años. ¿Qué otra vida hacer, pues, si te debes a otros? Entonces, Piedad, date por lo menos un paréntesis. Pasar dos meses donde tu hermana, que vive en Sevilla. Pero tu sueldo en la universidad no te alcanza para cumplir ese sueño. Tal vez, entonces… Pero a tu marido la idea de que te vayas sola lo mortifica. Ya irán los dos en otro momento. Ya habrá otra oportunidad. Pero no la hubo. Mi hermana regresó y la posibilidad de pasar una temporada en Sevilla se desvaneció. Esa frustración se convirtió en acicate.

La casualidad quiso que conociera a una profesora universitaria, madre de una compañera de mis hijas, que había dejado a su familia durante un año para hacer una especialización. ¿Y si yo hiciera lo mismo? ¿Y si a mis treinta y nueve años conociera lo que era vivir sola, dormir sola, caminar sola por una ciudad desconocida? Sabía que algunas mujeres lo habían hecho ya, unas de ellas de manera más radical: abandonando. Recordaba la historia de Doris Lessing, que me había impactado mucho. Doris dejó a su marido y a sus dos hijos, el mayor de los cuales no cumplía los cinco años, para irse a vivir una vida como la que soñaba, menos áspera y más feliz, a Ciudad del Cabo.

Por una vez, me obstiné en mi idea. Una amiga me habló de unas becas de cuatro meses en España. ¿Cuatro meses? Cuatro meses se van en un suspiro. Apliqué. Me la dieron. Pedí una licencia de un semestre en la universidad. Y fue así como en enero de 1991 aterricé en Madrid para hacer unos cursos sobre literatura. Dos o tres noches antes de embarcarme mi subconsciente se manifestó en la forma en que suele hacerlo: me desperté empapada en sudor, helada, sin poder respirar. «Siempre que llegas a una encrucijada en el camino —escribió Paul Auster, hablando de sí mismo— se te destroza el organismo». Sí, ya se sabe qué era: un ataque de pánico. Iba a abandonar el cálido útero que era mi casa, mi entorno, mis hijos. Iba a volar a una ciudad donde no conocía a casi nadie, sólo porque quería escapar, hacer una pausa, vivir sin ninguna mirada encima.

¿Y si estaba haciendo una locura? ¿Y si allá nada era como esperaba? Porque una cosa es soñar y otra encontrarse con la realidad, que a veces es áspera, insípida, hostil. Aquella noche atroz estuve horas caminando en el filo de la indecisión, entre el deseo de desarmar todo aquel plan aparatoso que yo misma me había inventado y el intento de reponerme, llenarme de coraje y de razones para persistir en la aventura. Y lo logré. Días después me despedí de los que me acompañaron al aeropuerto, entre ellos Daniel, que tenía entre sus manos una tortuga Ninja, el juguete con el que yo, banalmente, aspiraba a conjurar por un rato el desconcierto de mi partida.

La mujer que iba a alquilarme una habitación —puesto que mi exigua beca y mis ahorros convertidos en pesetas no daban para más— era una española entrada en años y en carnes, de pelo rubio platinado, que se vestía con unos inmensos abrigos de piel. Un antiguo profesor mío, muy apreciado, me había conseguido ese alojamiento a través de la institución madrileña en la que él trabajaba. Iba a vivir como una estudiante más, sólo que una estudiante que estaba a dos días de cumplir los cuarenta años. Llegar así, despojada, tan sólo con una maleta donde llevaba lo esencial, me entusiasmaba. Liviana, como formulan los libros de autoayuda. Sola con mis fantasías, mis determinaciones, mis miedos, mis deseos. La dueña, como podríamos llamarla, era una mujer locuaz, pero sin la menor simpatía por su huésped, que desde esa y todas las noches que pasé allí me estampó la misma tostada frita coronada por un huevo. Como a una chiquilla me obligaba a ir apagando luces, y ya el segundo día me hizo una advertencia:

—Cuando estés sola, no contestes el teléfono porque anda llamando un sádico que dice cosas aterradoras.

Sabía que era una treta para que no usara el aparato, pero de todos modos no me interesaba contestar porque con seguridad no sería para mí.

***

En aquellos días se podían leer en los periódicos españoles que ofrecían habitaciones en alquiler avisos como el que me topé alguna vez: «No se admiten ni perros ni peruanos». Tal vez por esa consciencia del odio al «sudaca» uno veía —y sigue viendo— hombres y mujeres latinos ceceando y tratando con desdén a sus coterráneos. Recurriendo, para no ser discriminados, a la pantomima de una asimilación que no convence a nadie. Cuando se enteraban de que yo era colombiana, el dependiente del supermercado o el empleado del banco, con una sonrisa maliciosa, se las ingeniaban para hacer alusión a la «coca», a la marihuana o a Pablo Escobar. Y los conserjes del edificio donde estudiábamos, que nos recibían elegantemente enfundados en sus abrigos oscuros, nos trataban con frialdad, cuando no con desprecio, a menudo alzándonos la voz cuando solicitábamos una indicación o un favor. América Latina no le interesaba a ningún español, como me lo hizo saber aquel profesor de Middlebury College: «Yo no leo literatura latinoamericana porque no me interesa». No olvidemos que era 1991 y España se aprestaba para celebrar los quinientos años del «descubrimiento de América».

El primer día, un domingo, me di a recorrer Madrid con la avidez del que quiere verlo todo, pero además empujada por el deseo de no permanecer en aquel apartamento donde iba a vivir, que, aunque cómodo, tenía algo de lúgubre. Y, con el paso de los días, de siniestro. El caso es que recorrí, caminando, no sé cuántos kilómetros: me emocioné cuando vi en El Prado un bodegón de Zurbarán que había usado muchas veces como ejemplo en mis cursos sobre el Barroco, vagué por El Retiro con entusiasmo de turista, me senté sola en una tasca a tomarme una caña acompañada de una tapa, y de regreso hice el ejercicio imposible de memorizar todas las calles. Pero la casa no estaba por ninguna parte, se había esfumado. Con la dirección en la mano iba y volvía por las mismas dos cuadras buscando la puerta inexistente, como en una pesadilla que no tenía fin. Cuando logré zafarme del hechizo, ya oscuro, intenté abrir con la llave que recién me habían dado, pero por más esfuerzos que hice no lo logré. Me senté, entonces, en las escaleras de entrada a esperar a mi casera. Los pies me ardían. Todo era extraño, como vivido por otra. Como si una, la verdadera, se hubiera quedado anclada en el mundo de siempre, y la que estaba allí sentada, entre satisfecha y tensa por no poder entrar, metida dentro del anorak verde que me había prestado una amiga, fuera una desconocida para sí misma.

—Pero mujer, qué haces ahí.

Era la dueña, que subía las escaleras con un ruido de pulseras.

Tres semanas después de haber llegado, cuando apenas empezaba a sumergirme en las rutinas de estudio, la mujer de las pieles de leopardo decidió cambiarme de habitación para alojar a un par de gringas que iban a pagar el doble, y me asignó en su casa un rincón minúsculo. Entonces me compré un periódico de clasificados, *Segundamano*, y me di a la búsqueda de otro lugar para vivir.

Guarros

Mi búsqueda desesperada me llevó a los lugares más insólitos. A un barrio obrero de la periferia en el que me ofrecían una habitación sin ventanas, con un arriendo barato, si me comprometía a acompañar por ratos a la abuela inválida, que estaba en cama reducida a sus huesos; a un apartamento de una mujer cuya sala estaba decorada con cientos de muñecas de caucho, como en un museo del horror; a un palacete enorme habitado por una familia en decadencia, cuya matrona, descendiente tal vez de nobles hidalgos, lo primero que hizo fue averiguar por mi árbol genealógico. Finalmente, me decidí por una habitación amplia, en un cuarto piso luminoso que daba al parquecito de un barrio burgués no muy alejado de la universidad. Mis compañeros eran un psicólogo de más o menos mi edad, que se definía como un anarquista y para todo tenía una teoría, y un muchacho pueblerino cuyo oficio era doblar películas. Nuestra convivencia fue siempre distante y pacífica, incluso cuando encontré al doblador literalmente doblado de la borrachera sobre la taza del inodoro después de una noche de juerga —no recuerdo qué hice para orinar—, o cuando un domingo en la madrugada llegué de un viaje y me encontré con dos desconocidos durmiendo en mi cama, por fortuna sobre la colcha y perfectamente vestidos.

Cuando lo alquilé, todo en aquel apartamento parecía confortable, pero la cotidianidad me fue demostrando lo contrario. Yo iba a dormir en el cuarto que antes compartía una pareja de alemanes, que habían decidido prescindir de la cama y dormir sobre el colchón colocado en el suelo. Cuando lo alcé para limpiar, de debajo salieron medias, papeles, bolas de pelo y condones. Bienvenida, me dije, a la vida estudiantil. Y tratando de ser fiel a mi idea de despojamiento, quise creer que aquello era parte importante de un aprendizaje. Corrí, eso sí, a la tienda más cercana a comprar sábanas para protegerme del posible roce de la cobija sobre mi cara. En el baño, el chorrito de la ducha era tan exiguo que me obligaba, si quería que el agua me cayera encima, a adosarme a la pared de baldosines. En la parte trasera, al lado de la zona de lavandería, encontré un arrume inimaginable de bolsas llenas de basura, que debían llevar meses allí, con sus secuelas de cucarachas nocturnas. Con la firmeza que me daba mi experiencia de ama de casa les solicité a mis compañeros que bajaran las bolsas y exigí que trajeran lo que allá llaman un fontanero; pero de lo que jamás pude librarme fue del lavaplatos lleno de loza sucia durante días. Por supuesto, por simple dignidad no lavé jamás un trasto que no fuera mío. Tenía mi pequeña dotación de vajilla en la habitación, como cualquier estudiante pobre pero aseado. En ella me servía las delicias que me compraba en el supermercado, el único lujo que me permitía, antes de sentarme al mediodía a comer sola frente al viejo y empolvado televisor.

* * *

El programa de estudios era de un eclecticismo impresionante, por la sencilla razón de que los especialistas que nos daban clase, algunos muy connotados, parecía que iban allí por un pago y nada más. No había ni coherencia temática, ni norte, y ni siquiera entusiasmo pedagógico. Sólo profunda indiferencia.

Yo hacía parte de un grupo de estudiantes latinoamericanos de diversas procedencias y edades, que en su mayoría vivían en Madrid de manera precaria, por no decir sórdida. Entre los personajes más vistosos recuerdo a la hermana de un narcodictador latinoamericano que alguna vez se quejó en clase de Lingüística de que en español hubiera más de una palabra para designar una cosa. Y estaba Rebeca Pizarro, una chilena menuda de unos veinticinco años, que tenía el don de combinar la suavidad con la fortaleza de carácter, dos cosas que expresaba a través de sus ojos azules, que se veían enormes detrás de sus gafas de aumento. Con Rebeca viajé muchas veces a las ciudades o pueblos cercanos durante los fines de semana. Nos hospedábamos en hoteles baratos y en la noche nos alimentábamos con un yogurt y una manzana. En cambio, a la hora del almuerzo, que dilatábamos hasta que estábamos rendidas de hambre y cansancio, nos despachábamos unas comidas espléndidas en lugares populares que escogíamos con buen ojo. Rebeca leía el tarot y no la desamparaban su mazo de cartas y el pañuelo de seda donde las extendía. Era su cuota de pensamiento mágico en medio de una formación filosófica muy sólida, que nos embarcaba en largas conversaciones. Fue una amistad hermosa, así me pareció siempre, que tuvo un final triste. Días antes de terminar nuestro curso Rebeca se fue distanciando de mí y acercándose a otras personas. Era sin duda una estrategia de supervivencia porque ella iba a quedarse en España unos meses más, tal vez años. Cuando nos abrazamos al despedirnos yo sentí dolor. Rebeca había hecho más leve esa extraña estadía que me sirvió, sobre todo, para demostrarme que podía ser autónoma y desafiar el mandato social del eterno confinamiento en familia. No sé cómo me recordará ella. Le escribí dos o tres cartas que nunca contestó. Me planteé la posibilidad de que, simplemente, la parte dura de su personalidad, que yo había visto, hubiera derrotado la que en ella había de generosidad y ternura, hice un pequeño duelo a su amistad perdida y escribí un poema sentido, que para eso sirven. Tiempo después le encargué a una colega que iba para Santiago que la llamara de mi parte, porque alguien me había dicho que había regresado a su país. La respuesta de Rebeca fue que nunca recibió mis cartas. A veces pienso que mi colega, que era un poco cínica —está muerta—, nunca la llamó. Pero puede ser mi autoengaño. Pedro Lastra, un entrañable poeta chileno, me dio una explicación graciosa cuando le conté de Rebeca: «No te extrañe. Los chilenos somos ágrafos».

* * *

Durante mi estadía en Madrid los alumnos fuimos invitados a lo que debía ser una fiesta patria en uno de los pabellones de las residencias de la Complutense. Las mesas estaban repletas de jamones, aceitunas, quesos y tortillas, hasta el punto de que aquel montón de hambrientos que nosotros éramos no pudimos dar buena cuenta sino de una parte de lo que nos ofrecían. Nos habríamos llenado los bolsillos de aquellas delicias si hubiéramos podido.

Por eso entramos en paroxismo cuando vimos que los meseros estaban envolviendo todo lo que sobraba en los manteles, de cualquier manera, para tirarlo a los contenedores de basura. Como ya estábamos un poco borrachos empezamos a suplicar que no hicieran eso, y a tratar de convencerlos de que los migrantes africanos de la plaza España podrían saciar su hambre con esa comida intacta. Incluso mencionamos, al borde de la indignación y de las lágrimas, el hambre de miles de pobres en nuestras lejanas tierras, y dijimos palabras como pecado, injusticia, vergüenza. Nos respondieron con miradas gélidas, alguno masculló que eran las reglas, y los protestantes salimos a la negra noche con una sensación de ser extranjeros, ajenos, distintos. Que fue como me sentí siempre en aquellos meses extraños antes de volver a casa.

Una antigua cadena

Por las noches, antes de acostarme, recordaba a mis hijos. Me invadía una suave tristeza cuando pensaba en Camila y Renata y en que Daniel estaría llegando a la casa después de un día de colegio, y que ya no podría preguntar, como preguntaba yo de pequeña a la empleada del servicio, invariablemente: «¿Mi mamá está?».

Doris Lessing escribe en el primer tomo de su autobiografía, *Under My Skin*, de 1949: «Tal vez no sea posible abandonar a nuestros hijos sin sentir convulsiones morales y mentales». Pero agrega, de inmediato: «Pero yo no abandonaba a mis hijos a una muerte temprana. Nuestra casa estaba llena de gente preocupada y cariñosa, y los niños recibirían admirables cuidados. [...] No sólo hablé de mi partida con los de casa y con los camaradas, sino también con los bebés. Fueron ellos quienes realmente me comprendieron. Como si yo tuviera su edad o ellos la mía. [...] Mi partida rompería una antigua cadena. Un día me lo agradecerían. [...] No sentí culpabilidad. Mucho más tarde —unos diez años— un psicoterapeuta me informó, con ese aire que adoptan de sacarse revelaciones de la manga, que arrastraba una carga de culpa. "¡No! ¡No me diga!". […] En una cultura tan dominada por la culpabilidad no nos es fácil distinguir la nuestra de la que todos parecen arrastrar». Habría que añadir que la sociedad condena con mucha menos crueldad al padre que abandona que a la madre.

No juzgo a Doris Lessing. Incluso puedo comprenderla, a ella, una mujer politizada hasta la médula, beligerante, valiente, atrapada en un matrimonio sin futuro y en un medio asfixiante intelectualmente. La explicación que da sobre su elección es de una honestidad aterradora: «La realidad es que yo no habría sobrevivido. Una depresión nerviosa habría sido lo mínimo. Durante los cuatro años en que estuve casada con Frank bebí más que nunca en mi vida. Me habría convertido en una alcohólica, estoy bastante segura. Habría vivido con dificultad dentro de mi piel, dividida, odiando aquello de lo que formaba parte, durante años».

Como Doris Lessing, yo no sentí culpa, tal vez porque mi necesidad de aquella pausa era impostergable, pero, sobre todo, porque mi abandono era sólo por unos meses y no para toda la vida, como en su caso. Me consolaba con argumentos semejantes a los suyos. Yo estaría sólo cuatro meses fuera, mi hija mayor tenía ya veinte años, estaban el padre, los tíos, los abuelos. No me escudo en Lessing para disculparme, ni quisiera dramatizar. De hecho, yo ya había tenido mi depresión severa. Pero habría que decir que, si un abandono corto produce sentimientos encontrados, la condición de la mujer que escoge abandonar para siempre es necesariamente trágica. María Montessori, una feminista integral, hija de una familia culta, contradiciendo todos los prejuicios de su época, vivió unos años felices en unión libre con el hombre que amaba. Cuando quedó embarazada fue presionada por su madre para que dieran el niño, al nacer, a una nodriza. Qué la llevó a aceptar esa dura propuesta, no sabemos. María cargó con el dolor de ese abandono toda una vida, máxime que el padre lo recuperó y lo educó él mismo. Pero he aquí la banal interpretación de un periodista español, un tal Eulogio López, católico del Opus Dei: «No se crean: doña María pertenecía a una familia de posibles. El abandono de su hijo no se debió a penurias económicas sino a que una mujer liberada como ella no podía dedicarse a cambiar pañales. Claro que no. Dejó de educar a su hijo, que es lo difícil, para pontificar sobre cómo deberían otros padres educar a los extraños. Así, no resulta sorprendente que su lema pedagógico fuera "Ayúdame a hacerlo yo solo". Y si aprendes a hacerlo solo sin ayuda alguna… pues tampoco pasa nada». Así de simplificador es el pensamiento cavernario de este ultracatólico, que no es capaz de comprender de qué tamaño debió ser la encrucijada existencial que tuvo que sortear esa mujer. Canalla.

La espera 5.

Cuando tienes un bebé cada minuto cuenta. Tu oficio consiste en dar, observar, sostener, mantener. La tarea, si eres la madre perfecta, la de los manuales, no termina nunca. Cada detalle hará de tu hijo el niño rozagante y feliz que debe ser. Levántalo cuando pase del ronroneo al llanto. Quítale el pañal, límpiale la caca, los pliegues, ponle crema, deja que patalee un rato en entera libertad. Dale de mamar. Después del baño, ponlo un rato donde le dé el sol, como si fuera una planta que vive de la luz y el agua. Háblale. Juégale. Sácalo a dar un paseo. Ponlo a dormir de nuevo. Arrúllalo. Sal de puntillas y cruzando los dedos para que no llore otra vez.

La enfermera de turno da el reporte.

La señora durmió mal. Fue muchas veces al baño. Estaba inquieta. Se mostraba confundida. El señor durmió mejor. Ya él se bañó y a la señora la bañaré más tarde. Desayunaron. El señor estaba soñoliento y con un poco de dolor de cabeza. Le di Dolex. Volvió a acostarse. Ya la señora está bañada. Le puse la crema que mandó el doctor y voy a sacarla un rato al sol. Los signos vitales de los dos están bien. Tensión normal. Saturando bien. Ella se queja de que está cansada. En un rato le haré la nebulización, y al señor los ejercicios de piernas para tonificar la masa muscular.

Cuando cuidas a un viejo, cada minuto cuenta.

Volver a narrar

Después de todo

Ahora debo confesar lo que hasta ahora no había dicho: soy una adicta. Yo, que tanto temo perder el control —causa última de los ataques de pánico y del terror que ellos mismos me provocan, pues son la forma más pura de la pérdida de control—, incurrí, ya tarde en mi vida, en un vicio que empezó a devorar mis horas y a arrasar con todo lo otro que quisiera hacer: caminar, ir a cine, cocinar.

Todo comenzó cuando a los cuarenta y pico tuve la loca idea de volver a intentar escribir la novela en la que había fracasado a los veintitantos. Como, para evadirme o para salvarme, lo que hago en los tiempos malos es sumergirme en la burbuja llena de aire de la escritura, a finales de los noventa, para paliar unos días confusos y dolorosos, me atreví a medírmele a ese género que creía que ya estaba fuera de mi alcance. No sabía todavía que cuando cedemos a la fascinación que encierra la promesa de una novela, lo que nos espera es una condena a trabajos forzados. Que serán dos, tres años, arrastrados por la avalancha de la obsesión, sin que nada ocupe un espacio igual en nuestras cabezas.

La historia que había querido escribir a los veintiocho había perseverado en mí con una fuerza inverosímil. En sus orígenes, entre algunas otras, estaba mi ya remota lectura de *Reflejos en un ojo dorado* de Carson McCullers y de *La muerte en Venecia* de Mann, donde vemos la fascinación del viejo profesor Aschenbach por Tadzio, un adolescente con el que jamás habla. Los amores idealizados, los deseos imposibles. Lo que yo quise mostrar fue algo ligeramente distinto: cómo Ana, una mujer atrapada en un matrimonio estéril, se rendía al hechizo de Gabriela, la chica montaraz, libre, desafiante, que ella nunca fue. Y el precio que paga por su delirio. Escribí sin pausa, controlando el miedo, durante meses. La titulé *Después de todo*, saqué valor de donde no tenía y se la entregué tímidamente a Pilar Reyes, la editora general de Alfaguara. Tal vez de puro terror al fracaso no me llené de impaciencia mientras esperaba el sí o el no. Me olvidé. Sin embargo, ya estaba condenada a narrar, y sin hacer pausa me dediqué a escribir otra historia, esta vez en frases largas y sin los lirismos que en la primera —me di cuenta tarde— brillaban sobre la prosa como bisutería barata. Pasaron meses, hasta que una llamada a las dos de la tarde me trajo la buena noticia de que me iban a publicar *Después de todo*. Me acuerdo que estaba en la oficina de mi amiga Claudia, que nos abrazamos y salimos a celebrar. Ya *era* novelista. Porque no basta con escribir novelas para llamarte así. Aunque suene chato o rudo: sólo eres novelista cuando tu novela es publicada, pero, sobre todo, cuando alguien la lee y ya no es enteramente tuya.

* * *

Cuando estamos embarcados en un libro, nuestras libretas engrosan de apuntes, y subrayamos los libros que leemos dominados por las obsesiones recientes, buscando en ellos claves, iluminaciones, afinidades. Nos convertimos en saqueadores incansables: esa nariz, la de nuestro interlocutor, es perfecta para uno de nuestros personajes; esta idea oída al vuelo nos da para varias páginas; tomamos nota de ese adjetivo que algún día puede servirnos. No es de extrañar que un sueño nos revele una salida, o que resolvamos un problema en el espacio gris de la duermevela. Sé que suena a lugar común, a romantización, a treta dramática, pero aun así voy a decirlo: escribir literatura tiene mucho de rapto, de posesión.

Mientras lo hacemos —y no es casual que esta expresión tenga connotaciones sexuales— se nos disparan el estrés, la dopamina, la serotonina. Somos luchadores ansiosos y felices, que experimentamos efectos similares a los de una droga. «Una percepción ampliada, tal es la finalidad del arte», escribió Deleuze.

Vulnerables y por momentos inseguros, los narradores damos vueltas por la casa, asustados de nosotros mismos y de la empresa que vamos a emprender, buscando que un café o un libro dilaten el momento del encuentro. Pero basta con que nos sentemos para que sintamos que en eso nos va la vida. Creemos, ilusamente, que lo que escribimos es necesario para el mundo. Buscamos cada palabra como el coleccionista busca en la arena la concha perfecta, la del lomo estriado o la entraña púrpura, o la modesta pero hermosa en su simplicidad, y lo hacemos con concentración de científico, durante horas y horas, hasta que el cerebro nos pide que hagamos pausa porque está a punto de rendirse. Dejamos atrás la página que acabamos de escribir, nos servimos un whisky o nos damos un baño de tina o vamos a dar un paseo, pero, como el amante antes de conciliar el sueño vuelve sobre su conversación con el amado y la repasa, queriendo ir hasta el fondo impenetrable que es siempre el otro, así regresamos mentalmente a lo escrito, lo examinamos en el recuerdo con complacencia vanidosa o con malestar y dudas, sintiendo ya la pulsión de la próxima vez. Que puede ser esa misma noche, cuando el insomnio nos lleve, con sus reflexiones y tormentos, a saltar de la cama a reemprender la tarea.

De pronto, comprendemos que el libro ya está haciendo su curva descendente, que ha llegado la hora de cerrar. Nos turban la felicidad y la nostalgia. Y en mi caso, el miedo de morir. ¿Y si después de tanta lucha esto quedara trunco? Entonces empiezo a tomar precauciones. A mirar mejor cuando voy a pasar la calle. A no querer tomar aviones. Conozco varios escritores a los que les pasa lo mismo.

Lo confiesa Rosa Montero en *El peligro de estar cuerda*: «Paso media vida en un avión y en general volar no me da miedo, pero cada vez que tengo que emprender un viaje mientras estoy escribiendo un libro no puedo evitar cierto desasosiego por si nos estrellamos y la obra se queda sin terminar».

En algunos, esa angustia viene ya no de imaginar que la muerte puede abortar nuestra tarea, sino de la certeza de que esta llegará pronto. Todos los biógrafos de Susan Sontag —su hijo David Rieff en *Un mar de muerte*; Sigrid Nunez, su nuera, en *Siempre Susan*, y Benjamin Moser, en *Sontag*— nos cuentan que en medio del cáncer, de las quimioterapias, del malestar, Susan escribía con un frenesí atroz, tratando de ganarle la partida a la muerte que amenazaba con interrumpir su tarea. Y para que la escritura le rindiera, se mataba: no dormía, comía comida chatarra sin levantarse siquiera de su escritorio, y, para desafiar el cansancio, usaba anfetaminas. Otros se dedican a describir la muerte, a despedirse de los demás y de sí mismos. Oliver Sacks en *Gratitud*, escrito después de saber que padecía cáncer metastásico procedente del melanoma que había sufrido; Christopher Hitchens, en *Mortalidad*, el libro en que durante los últimos dieciocho meses de su vida descubre las torturas de un cáncer de laringe, y cómo la enfermedad cambia su relación con lo que lo rodea; Enrique Lihn, en *Diario de muerte*, donde le mira la cara a sus últimos días con una ironía que intenta quitarle trascendentalismo a su palabra: «La muerte debe venir en una atmósfera de relatividad / como una burguesa que visita por primera y última vez / a cultivar la amistad sin interrupciones / con un casual admirador que lo ha hecho todo / para aceptarla».

* * *

En ese sueño en la vigilia que es escribir una novela, pasan cosas extrañas. Por ejemplo, cuando empecé a describir a Gabriela, el personaje de veinte años de *Después de todo*, la figura de una de mis alumnas, una chica ligeramente andrógina, tomó posesión de ella en el papel y ya no pude desterrarla. Ya he olvidado el nombre de mi estudiante, pero recuerdo perfectamente su extraño corte de pelo, su cara aniñada que me hacía pensar en Rimbaud, sus botas militares negras que contrastaban con el blanco de sus piernas adolescentes. Jamás tuvimos una conversación que no fuera académica, no participaba mucho en clase, no era mala estudiante pero tampoco destacaba, de modo que no sé qué méritos hicieron que ella descendiera de mi memoria involuntaria y se convirtiera en Gabriela. Pero así es cuando imaginas. Años después me la encontré en la calle donde vivo y después de un breve intercambio le conté, pensando que era un dato curioso, que ella aparecía en una de mis novelas. Su reacción fue extraña. Vi en su cara un estupor que no iba acompañado de ningún gesto amable. Creo que sintió miedo. Tal vez pensó que la estaba seduciendo. No sé. Nos alejamos. No la he vuelto a ver.

En esa misma novela, un escritor ya mayor, un hombre de rasgos fuertes y en cierta forma hermosos, con quien no me he topado más de dos veces en la vida, me prestó su rostro para caracterizar al marido de mi protagonista. Él no lo sabe. En *Qué hacer con estos pedazos*, Emilia se me presentó con la melena poderosa, los ojos árabes y la risa amplia de Almudena Grandes, a quien conocí y quise. Pero casi siempre mis personajes son simples desconocidos. Se me van apareciendo poco a poco, y cambian, se afean o se embellecen con el paso de las páginas.

Sigo considerando un milagro ese hacerse concreto de lo que al comienzo es apenas una palabra. Pensar en dónde poner a vivir a un personaje y que una casa aparezca con sus ventanales y sus escaleras y su olor antes de que empiece a escribir la palabra que la nombra. Todavía hoy puedo ver los lugares de las novelas que he escrito como si yo hubiera estado allí. Pero es que, si lo pienso bien, allí estuve. Y no una tarde o dos, sino un año o dos o tres, codeándome con la misma gente. Dicen que García Márquez lloró cuando se decidió a matar a José Arcadio Buendía. A mí sólo una vez me ha dado tristeza despedirme de alguno de mis personajes: de mi hijo Daniel, que volvió a morir en las páginas de *Lo que no tiene nombre*. Qué digo: en realidad volvió a vivir en ellas. Por eso fue tan triste acabar de escribir esa historia. Porque ahora estaba sola con mi duelo, sin el consuelo de traerlo cada día de la nada donde ahora habita.

* * *

Cuando tu libro sale a la luz, a veces pasan cosas tan extraordinarias que llaman a ser escritas. Mi segunda novela se titula *Para otros es el cielo*, e intenta recrear a un personaje que vi muchas veces en la academia: la joven promesa que no llega a nada, que se deja devorar por esa otra forma de burocracia que existe en las universidades, o por la costumbre, la especialización, el nihilismo o la amargura. También quise tocar el tema de la hiperracionalidad, del intelectual que anula la expresión emotiva porque teme caer en el sentimentalismo. En fin, construí, hasta donde pude, a través de una historia de amor, un ser con rasgos crueles y una pulsión autodestructiva.

Pasaron muchos meses antes de que me llegaran dos cartas, casi simultáneas. La primera era la de un académico de Alcalá de Henares que tiene el mismo nombre del protagonista, y en aquel entonces su misma edad: cincuenta y dos años. El profesor en cuestión estaba complacido con aquella coincidencia, y también divertido, y me invitaba a pasarme por allá cuando fuera a España para examinar con sus alumnos esas sorpresas que nos da la literatura. La otra carta la escribía una mujer y contaba una historia con gracia infinita y gran inteligencia. Su amante, un académico de renombre, le había dado a leer mi novela con una advertencia no exenta de vanidad, y usando esa victimización a la que a veces apelan los hombres como gancho seductor: «Ese personaje soy yo, y por este libro sabrás qué tanto daño puedo hacerte». La carta de la mujer era una delicia. Iba firmada sólo con su nombre de pila y sin datos de procedencia. Comenzamos a cartearnos y fuimos creando una amistad cómplice en la que había mucho humor. Me pareció una impertinencia preguntarle su edad, pero por lo que escribía la imaginé una mujer hecha y derecha, culta, cosmopolita. Tiempo después supe que vivía en Madrid. Todo parecía que no iba a pasar de ahí, pero la casualidad quiso que recibiera una invitación para ir a esa ciudad a leer poesía. Me pareció una ocasión estupenda de conocer a Ana, que así se llamaba mi corresponsal, y de paso darme una pasadita por Alcalá de Henares. Quiso la suerte que en esos días me invitaran también a otra ciudad española, así que el viaje me resultaría muy productivo.

Ana me preguntó dónde me pensaba alojar después de mi estancia en la Residencia de Estudiantes, en la cual estaría los primeros días, y le conté que en casa de una amiga de nombre Consuelo. Unas mínimas indagaciones de su parte bastaron para descubrirnos una increíble coincidencia: Ana la conocía. Arreglamos un encuentro donde mi anfitriona para que allí nos encontráramos, y así fue. A las ocho de la noche se presentó Ana, que no era ni mucho menos la mujer madura que yo había imaginado, sino una chica que no pasaba de los veintiocho años, de piernas larguísimas, rizos castaños y sonrisa perfecta, tan incisiva y divertida como se había mostrado en sus cartas. Celebramos, bebimos, nos reímos, y al final de nuestro encuentro me preguntó qué haría al día siguiente. Le conté que iba a la universidad de la ciudad cercana a la que había sido invitada. Me miró con una expresión de incredulidad, antes de indagar sobre quién me había invitado. Dije el nombre del director del departamento, y ella casi se cae de espaldas: era su amante, que hasta entonces no tenía ni la menor idea de la correspondencia que habíamos sostenido entre nosotras y que me invitaba a dar una conferencia, sin mencionarme nada de aquella historia de amor.

Mi encuentro con el profesor tuvo su gracia, pues yo comencé poniendo las cartas sobre la mesa, haciendo que quedara estupefacto. Era un hombre enorme, que doblaba en edad a Ana, melancólico y adusto como mi personaje, pero sin la belleza que yo le adjudiqué a este. Al día siguiente viajé a Alcalá de Henares. Y allí me encontré con el Antonio Alvar que me había escrito, un hombre de ojos brillantes, apuesto, como el protagonista de mi novela, pero con un aire de triunfador y un ánimo alegre que lo convertían en la antítesis del profesor que yo había creado. El ciclo se había cumplido.

Ana, que se ha convertido en una gran amiga, me contó que meses después de nuestro encuentro tuvo que ir a Alcalá de Henares por cuestiones de trabajo, y que al abrir una puerta se topó de frente con Antonio Alvar. Con esa rapidez suya, no dudó en decirle: «Ah, yo a usted lo conozco». «¿Por qué?», preguntó él, sorprendido y tal vez halagado. «Pues porque es el protagonista de una novela que leí hace unos meses», contestó Ana.

* * *

En varias ocasiones yo había analizado con mis estudiantes algunas obras de Chantal Maillard, una autora que admiro. Por eso, cuando en 2017 me llegó un correo suyo me sorprendí enormemente. En su mensaje me preguntaba si yo había tenido un hijo llamado Daniel, y si se había suicidado. Me explicó que había colegido aquello porque a su casa en Málaga le habían hecho llegar mi libro de poemas *Los habitados*, que había ganado hacía muy poco, en la misma ciudad, el Premio Generación del 27. Chantal me contó que ella también había tenido un hijo llamado Daniel, que también él se había lanzado al vacío, y me envió un poema suyo impresionantemente parecido a uno mío, donde describimos la caída con una imagen semejante. El tiempo nos iba a deparar otras sorpresas: tenemos la misma edad, nos casamos en el mismo año y las dos fuimos a un internado.

Meses después recibí un correo en el que me invitaban a Irreconciliables, un festival de poesía en Málaga manejado por poetas muy jóvenes. Una de las razones que me motivaron a aceptar fue la ilusión de conocer a Chantal. Dio la casualidad —otra— de que ella conocía a los organizadores, dos chicos encantadores, Ángelo Néstore y Violeta Niebla. Ellos nos propusieron, muy generosamente, cerrar el festival con una lectura conjunta. Todo, pues, se alineaba. Pero las cosas no pararon ahí. Chantal, una mujer parca, honda, pero también audaz e imaginativa, me propuso algo que me puso a temblar: hacer una *performance*. Aunque yo había participado no hacía mucho en una con la colombiana María José Arjona, me asusté con la palabra *performance*: pensé en esfuerzo físico, tal vez danzas o teatralización, lo cual para mí implicaba asomarme al abismo del ridículo. Chantal me tranquilizó: se trataba de que «ensambláramos» textos alusivos a nuestra pérdida que ya hubiéramos escrito, y los dijéramos con la mayor contención pero también con la mayor intensidad. Fue así como trabajamos duramente en los meses que nos faltaban, cada una desde su casa, y el 20 de octubre de 2018 presentamos en el maravilloso escenario del Teatro de la Generación del 27 *Daniel, voces en duelo*, frente a un público de casi trescientas personas que permaneció aquella hora larga en un silencio conmovedor. «Contra el tabú. Por esa libertad. Por el coraje del suicida. Como homenaje», fueron las palabras que escogió Chantal para nuestro oficio fúnebre. Una música compuesta especialmente para aquel día, que sonaba a tormenta y a vientos huracanados, inauguró aquella ceremonia. Cuando se abrió el telón, las dos quedamos expuestas en el escenario a oscuras, con unas luces cálidas sobre nuestras cabezas. Sabíamos que teníamos que mantener nuestro temple. Que no nos podía temblar la voz ni se nos podían humedecer los ojos. Yo abrí con los versos que escribí cuando Daniel viajó a Nueva York, a la Universidad de Columbia, y que luego leí en ese mismo lugar el día en que lo despedimos: «Otra vez sales de mí, pequeño, mi sufriente». Chantal, ya terminando nuestro acto, leyó un texto en que le habla a su Daniel: «Hoy es domingo, según el calendario. También era domingo aquel día. Así los ciclos. Así los sueños y la vida. Todo retorna. Salvo lo que fuimos. Vengo a ti. Me siento ante esa especie de altar que construí hace ya… ¿cuánto años? En un altillo del ropero, con los pocos objetos personales que me quedaban de ti. Me siento con una taza de té y el cuaderno. Escribir, ya sabes, es mi manera de orar».

* * *

Nada ha sido más conmovedor en mi vida de escritora, sin embargo, que lo que sucedió después de la aparición de *Lo que no tiene nombre*. Ya he contado, en el prólogo a la edición conmemorativa que salió en 2023, cómo recibí durante años una avalancha de abrazos adoloridos y de historias narradas por padres y muchachos sufrientes, y de las lágrimas que he visto en los ojos de aquellos en cuyas vidas han irrumpido la enfermedad mental y el suicidio con su fuerza aniquiladora. Esa recepción tumultuosa, esos cientos de cartas que guardo con afecto y que son testimonio de una realidad trágica cuya dimensión no había intuido, me hicieron revivir lo que la literatura hizo en mí durante la infancia y adolescencia: remecerme, incomodarme, verme, rebelarme. Y me reafirmé, entonces, en la idea de que las emociones que un libro despierta son a la vez estéticas y políticas. Que ellas nos permiten revisar nuestras creencias, descolocar nuestras certezas, pelearnos con nosotros mismos y con lo que siempre nos pareció familiar, natural, verdadero. En cada lector que se conmueve con *Lo que no tiene nombre* Daniel está vivo de nuevo, por horas, por días. Y es así como ese libro me justifica.

Aquí triunfando

Sola

Ahora todo escritor es un viajero. Aviones, aeropuertos, hoteles, ferias repletas de gente, festivales que son como una burbuja en la que flotas cuatro o cinco días con conocidos y desconocidos; el ejercicio a veces insoportable de las entrevistas; comidas largas y animadas, mucho licor, conversaciones inteligentes, conversaciones insoportables, firmas de libros, los lectores. Casi todo suena a luces rutilantes, éxito, glamur. Esa parte existe, es verdad. Pero es corta, efímera y agotadora.

El oficio de escritor nos lleva a veces a tener que padecer lugares abarrotados de gente. No me refiero a auditorios repletos, que en vez de intimidarme me estimulan, sino a un coctel de bienvenida donde hay cien personas que hablan a gritos —o en susurros, que es peor—, a un salón de hotel a la hora del desayuno, en medio de un festival de esos enormes, donde no conoces a nadie y vas a sentarte, apabullado, en un rincón, al lado de otro comensal solitario que hunde su cabeza en su plato, y que perfectamente puede ser —lo reconoces cuando lo miras por el rabillo del ojo— un premio nobel. A veces saco excusas convincentes, pero de vez en cuando me cogen distraída o cansada y caigo. Una vez cometí el error de asistir a la fiesta patria de una embajada, pues era buena amiga del cónsul. Lo primero que tuve que hacer fue una fila abyecta para saludar a los anfitriones, señores muy formales entre los que se contaba mi amigo con cara de lo que en verdad era, un diplomático aséptico con una sonrisa paralizada, que nada decía a nadie. Después de aquella prueba, caí en la forma más atroz de

217

vacío que es la de tener que enfrentar a una multitud en la que no reconoces ninguna cara. Frente a mis ojos danzaban túnicas y turbantes, vestidos luminosos, capas, tricornios. Como en un sueño pesadillesco, vagué por infinitos salones aferrándome a mi copa como si fuera un talismán que en algún momento me salvaría, sin ver siquiera una silueta conocida. Al fin del mundo, porque eso era, vi de pronto, en mi misma soledad abrumadora, a un escritor pretencioso que me lanzó un saludo extrañamente efusivo. Un encuentro en esas condiciones puede dar lugar a expresiones semejantes a las de un náufrago que se encuentra con aquel que lo rescata; pero si es con alguien con el que no simpatizas, lo que viene enseguida puede no ser nada bueno. La desesperación hace cometer errores. A los pocos minutos, aquel sujeto, con el que apenas me había visto unas pocas veces, me estaba pidiendo que si le presentaba la novela que estaba a punto de publicar. Y yo, tal vez agradecida de haber podido detenerme en un lugar fijo en vez de haber tenido que dar media vuelta buscando una puerta por donde escapar, sorprendida y con las defensas bajas, le dije que sí. Para mayor oprobio añadí: con mucho gusto. Soy una persona de palabra, así que un mes después estaba presentando un libro costumbrista, anacrónico y pedante como su autor. Que en paz descansa.

* * *

No odio los hoteles *per se*, a pesar de que en ellos fue donde padecí durante quince años mis ataques de pánico. Tengo la experiencia de que el que en el primer día nos parece oscuro o medio sórdido, al día siguiente nos empieza a gustar, y al tercero ya lo encontramos entrañable. Sin embargo, los poetas a veces somos sometidos en los hoteles a experiencias ingratas. Incluso terroríficas. Digo los poetas, porque tengo la teoría —como escribí alguna vez en un artículo desopilante— de que hay un abismo entre el trato que se nos da y el que se proporciona a los narradores, que a los ojos del mundo tienen mayor respetabilidad. Aunque, como afirme Virginie Despentes, todos, por el hecho de ser escritores, parezcamos mal vestidos a propósito. No como la gente del arte, tan exquisita o excéntrica, o los músicos, con su descuidadísimo *look* perfectamente previsto.

Parte de las penurias en los hoteles se debe a las exiguas sumas con las que los gestores culturales —a menudo ellos también poetas— deben a veces organizar los festivales en nuestros pobres países. Y a menudo también en los ricos. Pero, por otra parte, a que la gente piensa, de acuerdo a un viejo prejuicio, que a los poetas no nos importa mucho la sordidez, y ni siquiera la mugre, porque nosotros mismos debemos ser sórdidos y sucios, y a menudo borrachos y bochinchosos. Lo peor de todo es que no les falta razón. En aquel escrito mío titulado *Mis hoteles de pesadilla*, cuento innumerables anécdotas, que con el tiempo ya suenan divertidas, pero en su momento fueron horripilantes. En ellas hay noches en que todos tiritábamos de frío en un viejo hotel destartalado, porque era invierno y sólo contábamos con colchas delgadísimas; bacanales nocturnas en un hotel que iban a derrumbar una semana después, donde el botones era también el cocinero y el mesero, y donde la borrachera generalizada nos permitía desentendernos de que en nuestras habitaciones el agua o era helada o hirviente, por lo cual el baño debía ser rápido o inexistente; cajas de icopor con salchichas y galletas de soda repartidas a la hora de la cena en una de las capitales más reconocidas por sus virtudes gastronómicas; un baño cuya ventana daba a una calle especialmente transitada, con una cortina de tela tan corta y ondeante que había que hacer las necesidades agarrándola con una mano; y un alojamiento que alguna vez me ofrecieron en una hacienda de apariencia mafiosa fuera de la ciudad, en mitad de la nada, donde yo era la única huésped y la persona que me abrió la puerta se retiró a su casa antes del anochecer, después de alargarme un papelito con su teléfono, «por si acaso cualquier cosa».

Podría extenderme como hizo Mircea Cărtărescu en *Las bellas extranjeras*, un libro divertidísimo sobre su participación en ese famoso evento en Francia, pero lo dejo ahí, porque no viene al caso. Remato con un fragmento suyo que apunta a otra de nuestras tragedias. En él cuenta cómo algún día se vio sentado en un estudio de televisión frente a sus próximos presentadores, un par de analfabetas que no sabían de él ni de nada de nada. La chica, escribe, «se esforzó por conversar un poco: "Señor Cărtărescu, ¿por qué lo odia tanto todo el mundo? Siempre que hablo con un escritor, es usted el primero al que ponen a caer de un burro…". Esas afirmaciones abruptas, antes incluso de desearme los buenos días, no me relajaron demasiado, lo reconozco. Menos mal que el chico a mi derecha (el de la jeringuilla en vena) me informó que no había conseguido hacerse con mi recién aparecido libro, del que teníamos que hablar en el programa: "No sé qué cojones… no estaba ni siquiera en Diverta… Tal vez lo tenga usted para que podamos mostrárselo a los espectadores. A propósito, ¿es la enciclopedia de los *dioses* o de los *dragones*?". Pero el chaval, que parecía completamente inocente, no tuvo tiempo siquiera de que yo se lo aclarase porque, de repente, ya estábamos en directo, y la chica […] arrancó con una sonrisa deslumbrante: "Señor Cărtărescu, de todos es sabido que es usted uno de los escritores rumanos más apreciados…"».

* * *

Escribir estas historias me ha traído a la memoria dos recuerdos muy particulares. Estaba yo en la Feria del Libro de La Habana para presentar *Lo que no tiene nombre*, un evento bastante absurdo porque, por las condiciones de

Cuba, no se conseguía en el país ni un solo ejemplar. Por la mañana había dado yo una charla a la que no habían asistido más de cuatro personas. Antes de entrar, una de las chicas de la organización me contó que trabajaba allí, en aquella institución pública, hacía ya varios años, pero que desde hacía más de dos se había tenido que enfrentar con que los computadores de la sala de prensa se habían ido dañando uno tras otro sin ninguna posibilidad de reparación. Desde hacía ya más de diez meses no funcionaba ninguno, de modo que ella no tenía nada que hacer en aquel lugar, pero iba a diario a sentarse allí porque si renunciaba perdería su sueldo, del cual vivía. Me confesó que mientras pasaba horas y horas matando el ocio de cualquier manera, no dejaba de pensar en su hijito, casi un bebé, al que podría estar acompañando en su casa, pendiente de sus aprendizajes.

Al mediodía tuvimos una reunión con la directora de un famoso programa de entrevistas de televisión, para preparar lo que haríamos en directo esa misma noche. Éramos tres, pero sólo recuerdo a un escritor venezolano, muy viejo, chavista hasta la médula, pálido como la muerte y vestido de traje negro y corbata en aquel clima ardiente, con un parecido enorme a ese médico que han consagrado como santo, Gregorio Hernández. Quizá, incluso, fuera él. Al otro extremo de la mesa, en solitario, un personaje con apariencia de amanuense o de burócrata escribía en silencio. No necesité mucho esfuerzo para entender cuál era la función que cumplía. En esos momentos alguien trajo la noticia de que el hijo mayor de Fidel Castro, un físico nuclear, se había suicidado horas antes, lo que causó una pequeña conmoción entre los que allí estábamos. Como yo iba a hablar precisamente de *Lo que no tiene nombre*, sugerí que esa noche podríamos reflexionar brevemente sobre el derecho al suicidio. «En este país no hablamos de suicidio», me dijo la directora, imperativa y seca, y pasó a otra cosa. Por la noche, en directo, me las ingenié para, a mi manera, violar esa prohibición, pero decidí que nunca volvería a Cuba en plan de trabajo.

El otro recuerdo es, por el contrario, enternecedor. Me alojaba yo en un pequeño hotel del centro de Ibagué, donde estaba dictando un taller con el Banco de la República. Las paredes aledañas estaban empapeladas con avisos que anunciaban el evento como: «Taller con Piedad Bonnett, Premio Nacional de Literatura». En algún momento, el botones me inquirió:

—Doctora, ¿usted fue la que se ganó el Premio Nacional?

Me conmoví. Aquel muchacho tal vez fuera un universitario, un lector de poesía que trabajaba allí en sus horas libres.

—Sí, soy yo —dije, con una sonrisa agradecida.

—¿Y con qué número? —me preguntó el botones, que seguramente apostaba todas las semanas a la lotería.

* * *

En Guadalajara, la entrañable Alma Delia Murillo, autora, entre otros, de un libro magnífico, *La cabeza de mi padre*, me contó una anécdota sobre escritores que me hizo desternillarme de la risa. Le he pedido que me la cuente de nuevo, y así lo ha hecho en un correo que transcribo en buena parte, porque ella lo hace con una gracia enorme:

«El escritor, poeta y filósofo (hay que desglosar las tres gracias porque no son cosa menor, pues oye) Óscar de la Borbolla, que fue mi maestro en los primeros talleres de escritura que tomé, nos contó que por allá en los años ochenta, cuando él rondaría sus veinte, había sido llevado —como oveja al matadero— a una feria del libro europea… no me creas mucho sobre cuál feria exactamente, pero creo que fue la de Frankfurt. De lo que sí estamos ciertos es que hacía mucho frío y, como buen mexicano, vino a descubrir que ese monstruo mitológico llamado el invierno sólo es cosa del bestiario europeo porque por estos rumbos no lo conocemos. Pues en medio de esa tortura congelante para un pajarillo tropical, se encontró con otro escritor y reconocido poeta mexicano contemporáneo suyo: Alejandro Aura.

»Los dos muchachos de veinte y pocos años tiritaban cuando caminaron el uno hacia el otro. Óscar le gritó a Alejandro intentando que no le castañearan los dientes:

»—¿Y tú qué haces aquí?

»A lo que Alejandro respondió, temblando y sobándose los brazos para generar calor:

»—Pues aquí, triunfando.

»La anécdota se convirtió en referente para mí porque junto a mi amiga Julia Santibáñez, muy talentosa poeta mexicana, hemos recorrido varias penurias literarias del triunfo. La más memorable fue en Morelia, Michoacán, adonde fuimos a impartir un taller de escritura y cuando llegamos nos dimos cuenta de que nos habían hospedado en un hotel terrorífico que no tenía ni máquinas de café y a la habitación le faltaban los focos, o bombillos, como dicen ustedes.

»Nos resignamos porque sólo sería una noche, pero moríamos de hambre y nos quedaba poco más de una hora antes de dar la primera sesión del taller. Preguntamos dónde podíamos comer algo y nos dijeron que caminando "aquí nomás" (nunca confíes en quien te diga semejante presagio del horror para llegar a sitio alguno en México). Empezamos a caminar por una larga avenida y no aparecía restaurante alguno; de pronto y de veras súbitamente, el cielo se puso negro y se soltó una tormenta de antología. Julia y yo echamos a correr, yo iba un poco adelante cuando volteé con mi melena negra empapada y la miré a ella con la suya rubia hecha una sopa, y no pude más que preguntarle:

»—¿Y tú qué haces aquí?

»—¡Aquí, triunfando!

»Nos reímos tanto que se nos olvidó la lluvia torrencial cuando llegamos mojadas hasta la osamenta al prometido restaurante, donde nos sirvieron la ensalada de pollo más desabrida que he probado en mi vida, y además tuvimos que atragantarnos porque luego de atravesar aquel diluvio quedaba poco tiempo para empezar la primera clase con personas que rabiosamente querían ser escritoras.

»Julia y yo tuvimos la decencia (o la negrura de corazón, según se vea) de no decirles a todas esas almas incautas que ser escritoras las podía llevar a este magnífico triunfar en la vida».

* * *

Amos Oz tiene un cuento que no he podido volver a encontrar —pero tal vez no sea de Amos Oz, la memoria es traicionera— en el que un escritor sale de dar su conferencia en una ciudad ajena, que ha terminado en aplausos entusiastas, y empieza a caminar por las calles desoladas sin querer regresar a su hotel. Es ya tarde en la noche y su deriva lo va llevando por lugares que ponen en evidencia cada vez más su vacío, su desasosiego. Los encuentros de aquel escritor, hasta donde recuerdo rayando en lo absurdo, revelan, de manera certera, que ni el éxito, ni el reconocimiento, ni el aprecio de las multitudes pueden ahogar la soledad última de todos los seres humanos.

He vivido muchas veces lo que narra Amos Oz, o quien sea que lo escribió. Hace un tiempo di una charla en una universidad pública de otra ciudad. Mis anfitriones eran dos profesores: una mujer joven de boina, pelo pintado de rojo y tacones puntilla, que debía ser también poeta, y el director del departamento, un hombre callado con un saco que le quedaba grande. Cuando me acerqué a la sala que habían dispuesto, vi que estaba tan llena que por un momento pensé que me había equivocado de sitio y estaban esperando a algún otro autor. Ese público numeroso y atento puso a ebullir mis endorfinas, aumentó mi autoestima y le proporcionó intensidad a mi pensamiento y a mis palabras. Al final, un grupo numeroso se acercó al escenario con sus libros en la mano con el ánimo de conseguir una firma. Los organizadores, que por lo visto no habían previsto que eso pudiera ocurrir, decidieron entonces que lo prioritario era desocupar la sala, porque ya eran las nueve de la noche. Las universidades se han convertido, ellas también, en reductos burocráticos.

El grupo de entusiastas fue desalojado en forma apremiante por los encargados en medio de murmullos de protesta, pero desde el escenario del salón de conferencias, donde me tomaban fotos con los símbolos del espacio cultural de fondo, vi que algunos persistían y esperaban en el pasillo. Cuando salí, allí estaban esperándome unos treinta muchachos obstinados. Como no había mesa alguna para cumplir con mi tarea, nos dirigimos en masa a una cafetería donde ya levantaban las sillas en señal de retirada, pero donde nos armaron, con condescendencia, un rinconcito para las firmas. En ese lugar, con la sonrisa un tanto forzada de quien empieza a sentir hambre y cansancio, hablé con cada uno de los que me traían una historia, vi una que otra lágrima, puse las mismas dedicatorias poco imaginativas, posé para la *selfie* de rigor, recibí abrazos que siempre agradezco, y me dispuse a salir con la esperanza de que me llevaran a un lugarcito agradable donde pudiera comer algo y tomarme un whisky que me relajara de las tensiones acumuladas. El profesor del saco grande había desaparecido, hecho que comprendí perfectamente. La profesora poeta estaba esperándome armada de paciencia, en compañía de un grandulón de bigote y de una pareja, que deduje pertenecían a la universidad. Sentí vergüenza de haberlos hecho esperar casi una hora, pero traté de tranquilizarme repitiéndome que en eso consistía su trabajo.

Entramos todos a un automóvil, donde me hicieron el honor de darme el puesto delantero, y después de recorrer un buen tramo, cuando ya creía, anhelante, que estaba llegando al lugar cálido y distendido donde podríamos relajarnos y calmar el hambre, me depositaron en el hotel. Eran las 10:30. Ellos irían a comer algo, y esperaban que yo descansara después de mi extraordinaria charla.

En el lobby sólo estaba el muchacho que atendía detrás del mostrador, que me señaló el camino de la cafetería. A medida que me acercaba oía cada vez más cerca una música rumbera que me hizo pensar que quizá habría allí un baile. Pero todas las mesas estaban desocupadas. Y sin embargo, cumpliendo con su oficio con un estoicismo que daban ganas de llorar o deprimirse, el *disc jockey* se movía detrás de su consola eligiendo cuidadosamente su música para nadie. Y ahora, para mí. En una esquina del lugar titilaban las luces de un arbolito de Navidad, y en otra, muy cerca de donde me senté, un enorme Papá Noel enseñaba sus treinta y dos dientes de yeso. Miré la carta tratando de escoger algo que no viniera repleto de mayonesa o de *Cheez Whiz*. Después de muchas vacilaciones escogí comerme un pepito. Eran las once y media cuando entré al cuarto. Una vez cerré la puerta sentí que me abrumaba su silencio. Por la ventana me quedé viendo la ciudad iluminada, que empezaba a divertirse en aquella noche de viernes. Me empiyamé, prendí la tele e hice *zapping* durante diez minutos. En los canales locales sólo había deportes, programas de concurso o películas de detectives. Si mi marido me hubiera llamado en aquel momento a preguntarme cómo me sentía después de mi charla, habría podido contestarle con la frase de Aura: «¡Aquí triunfando!». Pero mi marido estaría ya durmiendo, al filo de la medianoche.

Abrí mi libro, y al final de la página me encontré con esta frase providencial: «La fama te roba a ti misma. Es un privilegio. Y todo privilegio tiene un precio, normalmente desorbitado». De no ser por que *fama* es una palabra que me queda grande, pues está reservada para las estrellas que atraen multitudes, la frase venía dirigida directamente a mí. Me pedía no olvidar que todo tiene su lado ridículo o patético, incluido el arte, y que para verlo sólo necesitas concentrarte un poco, mirar la realidad fijamente, como advierte Reger, el personaje de *Maestros antiguos*, que va durante años diariamente a la Sala Bordone a ver *El hombre de la barba blanca* de Tintoretto, y concluye: «Ninguna de esas obras de arte mundialmente famosas, sea de quien sea, es realmente un todo y algo perfecto. Eso me tranquiliza [...]. Eso me hace feliz en el fondo. Solamente cuando, una y otra vez, nos damos cuenta de que el todo y lo perfecto no existen, tenemos la posibilidad de seguir viviendo».

Quién es tu lector

Mis escritores preferidos son los que encuentro inimitables. Aquellos que me abruman con su inteligencia, con su capacidad metafórica, con la amplitud y complejidad de su mundo. Los que me deslumbran, porque me hacen sentir que jamás podré ser como ellos. Los demás me aburren. Apenas empiezo a ver que yo habría podido escribir como ellos, dejan de interesarme. Imagino que es una deformación profesional. Mientras leo a los que admiro me convierto de inmediato en discípula. No logran avasallarme, sin embargo. Por el contrario, me empujan a escribir con una ambición loca, hasta el punto de abandonar abruptamente la página que estoy leyendo para correr hasta el computador, ávida de dificultades.

Mi lector ideal está en mi mente. Es inteligente y divertido, culto, crítico pero benevolente, irónico, con sentido del humor. Es sensible, por supuesto, pero no sentimental. Capaz de dejar un libro por la mitad. Preferiblemente una persona de pensamiento liberal, dispuesto a dudar de todo y a dejarse interrogar por lo que lee. Mientras escribo, él está ahí, sentado en la silla turca de mi cerebro, jugando con su materia gris como yo juego con la mía. A ese lector lo amo de una manera abstracta, y también lo respeto y le temo. Nunca, ni cuando estoy muy cansada, o muy frustrada, renegando de los absurdos de este oficio, siento aversión por él. A veces, eso sí, desconfío de que entienda lo que estoy queriendo hacer o de que su gusto lector sea el mismo mío. A veces, mi lector ideal es reemplazado transitoriamente por otro. Por uno más simple, que quiere recompensas rápidas. A ese le tengo pánico, y trato de expulsarlo de mi cerebro, porque me lleva por el mal camino. Mi lector debe estar alerta para hacerme notar lo trillado, lo que no tiene ritmo, lo que hace que se aburra y se adormezca. Y debe descubrir de inmediato si hay impostura, rellenos, manipulaciones, excesos. Mi lector es incansable, a veces hasta el agobio. Es mi siamés, pero también mi verdugo, y a él estoy atada incluso en sueños, porque también en sueños se escribe.

Cuando mi lector tiene nombre, a veces me envía mensajes, a veces me aplaude, a veces consigna en redes una pesadez que me mortifica. Con él tengo una relación ambigua. Le agradezco que me lea cuando hay tanto que leer en este infinito mundo. Pero a la vez me incomoda. Soy tímida y los tímidos sentimos agobio frente a la mirada de los demás. Por eso prefiero al lector que está en mi mente, con el que lidio en soledad, porque la soledad es una de las cosas que más le agradezco a la escritura.

El escritor como fantasma

Una vez tuve la impresión de que alguien me seguía, pero el hecho era tan extraño que me resistía a creerlo. Mi supuesta perseguidora era una mujer pequeña, sin rasgos particulares, que me siguió los pasos durante al menos diez minutos. Si yo cruzaba la calle, ella también. Si giraba en la esquina, hacía lo mismo. Nunca tuve miedo, sólo una vaga extrañeza, que se concretó cuando también ella subió las escaleras del edificio al que me dirigía, entró al consultorio odontológico donde tenía mi cita, y se sentó a mi lado. Entonces se presentó: era una de mis lectoras, no había resistido seguirme y ahora quería darme las gracias por mi escritura. Me habló de mis novelas —en ese entonces no tenía muchas— y de mi poesía, que podía citar de memoria. En esas estábamos cuando la secretaria me invitó a pasar a mi cita. La mujer me alcanzó a decir que trabajaba en una entidad oficial, el extinto DAS, pero que tenía tiempo esa mañana. ¿Le aceptaba un cafecito en las cercanías después de salir de mi cita? Ella me esperaría. Su discreto pedido me conmovió y me doblegó, aunque en lo más hondo algo me seguía inquietando. Tal vez que trabajara en el DAS, un lugar de detectives que tuvo fama de corrupto.

Cuando salí, allí estaba, esperándome estoicamente. Ya en el café, la conversación se desenvolvió de manera parca, previsible. Mi interlocutora no tenía mucho más que decirme. Indagó un poco sobre mis rutinas de escritura, mis lecturas, mis gustos literarios. Me confió los suyos, y me contó un poco de su vida de funcionaria, en la que no había ni grandes sobresaltos ni emociones. No era infeliz, no añoraba otro puesto, y el que ocupaba le daba tiempo para leer, que era su pasión, y para tomarse algunas horas libres, como las que le permitían estar conmigo a media mañana. La conversación empezó a languidecer. Como no había traído ningún libro —eso ya habría sido un milagro— me pidió que pusiera mi firma en una servilleta. También mi correo, porque le gustaría escribirme. Siempre agradezco esas manifestaciones de cariño, así que se lo di. Nada me costaba. Ya sabría yo eludir intercambios muy largos. Nunca escribió. Y con esa —y algunas experiencias similares— he logrado entender lo obvio: el acercamiento al escritor que admiramos, cuando es en esos términos, tiene el poder de destruir el aura. El lector se equivoca: cree que conocer a la persona profundizará el encanto de la lectura, pero por maravillosa que sea la conversación con el autor siempre habrá algo que no logra encontrarse. El lenguaje, las historias de ficción o de no ficción, las ideas que ha encontrado en los libros, tendrán siempre más fuerza para el lector que la conversación con el autor, por más que esta sea lúcida, original, vibrante. El escritor ha dejado de ser la entelequia que hasta entonces era. Ahora es un ser humano ubicado en un tiempo y un espacio, un amigo potencial, un ser con fragilidades y una historia como la de todos. El fan sólo puede seguir siendo fan cuando su acercamiento es fugaz, para la *selfie*, para la firma, para el abrazo, para la confesión emocional, antes de darse la vuelta que le permitirá conservar intacta la construcción mental que ya traía.

* * *

Llego a firmar la última edición de *Lo que no tiene nombre*, la que contiene reproducciones de las pinturas y los dibujos de Daniel. La fila de mis lectores es larga, y a cada uno procuro mirarlo a los ojos, darle las gracias, escribirle algo que tenga sentido. A este le pregunto qué hace, tratando de inspirarme. «Médico», contesta, antes de empezar a llorar. Es un ataque de llanto convulsivo, que no logra detener. Los que están detrás lo miran, en silencio, conmovidos. Le pregunto en voz muy baja: «¿Quién es?». Con dificultad contesta: «Mi hermano». No sé si preguntar más. Si está vivo. Si es una enfermedad mental o un suicidio. Pongo mi mano sobre su brazo, muy suavemente. Escribo la dedicatoria, a sabiendas de que mis palabras no alcanzarán a consolar su llanto.

Veo llorar con frecuencia a mis lectores, los siento temblar cuando nos acercamos para tomarnos una foto. Yo casi nunca lloro. En mi versión más reciente, soy una mujer que ha conquistado la serenidad. Me ayudó el dolor, pero también su aceptación. Daniel es una especie de fantasma que aparece y desaparece. A veces se me ocurre que nunca hice el duelo, que este todavía está por hacerse o que ya nunca lo haré. Pero a veces suceden cosas excepcionales, sorpresivas. En la fila están los que adivino un padre y su hijo. Me preguntan si recuerdo quiénes son. No, no tengo la menor idea. El hijo, entonces, dice su nombre, y mi memoria se ilumina. Uno de los mejores amigos de Daniel, un chico que recuerdo como abstraído, un gran lector. Tiene la edad que él tendría: cuarenta. Es, un hombre ya, corpulento, de frente amplia. Parco, casi frío, tal vez tímido. Escribo en su ejemplar algo alusivo a esa amistad. En el trayecto hacia mi casa empiezo a sentir el peso de la devastación. Antes de dormirme me abruma un llanto sin consuelo. Cómo sería ahora, me pregunto, y sólo logro ver su cara congelada para siempre en sus veintiocho años.

La espera 6.

Con mi padre nunca tuve conversaciones íntimas. Ni siquiera una. Por eso, me sorprendo cuando empieza a confesarme los pensamientos que lo asedian ahora que ya no puede leer, y que pasa mucho tiempo echado boca arriba, en reposo porque todo lo cansa. Me empieza a hablar de sus hermanos, a evaluar sus vidas, a compararlas con la suya. Dice que se siente satisfecho de lo que ha vivido, de haber tenido recompensa por sus esfuerzos. Yo agradezco esas pequeñas confidencias, y me admira descubrir que una serenidad triste ha venido a reemplazar la visión pesimista que siempre tuvo, su naturaleza impaciente, su temperamento nervioso. Como si la constatación diaria de que sigue vivo bastara para haberlo dulcificado.

De vez en cuando, sin embargo, emerge de él el autoritario que siempre fue. Otro día me pide el favor de que escriba un breve mensaje para una persona que le ayuda con las finanzas. Él ya no ve las letras del teclado. Me dicta de modo imperativo. Me pregunta enojado si puse los dos puntos iniciales que me dictó. Se impacienta porque no logro saber cómo poner las tildes en su computador, que no conozco. Y cuando no puedo saber si el mensaje fue enviado se angustia, me regaña, eleva la voz, se desespera. Veo dos hombres a la vez: el padre tiránico de mi adolescencia, del que tanto quise huir, y el viejo desvalido, incapaz de autonomía, cuya frustración se manifiesta en esa ansiedad desmedida, que es también rabia e impotencia.

Mi madre persiste en vivir, sin ningún achaque, salvo su mente, que finalmente la ha traicionado. Siempre está ojeando revistas, con una concentración que uno creería que disfraza un vacío mental. Pero no. Lee los titulares en voz alta. Suelta uno que otro comentario. A veces se adormece con la revista sobre el regazo, y hace un sonido leve y rítmico, como el de los niños en la cuna. A ratos está de una lucidez que sorprende, aunque por momentos muy breves. Hoy, por el teléfono, me dice que está pensando en cosas desagradables. ¿En qué, mamá? En lo duro de la vida, dice, en la enfermedad y la muerte.

La mujer incierta

Antes del fin

Todos los libros hacen una curva, se van dirigiendo de manera natural hacia un final. Este ya ha empezado a trazar su línea descendente. Y en este último tránsito he encontrado, de pronto, una muleta. Como siempre, me la ha proporcionado el azar. Buscaba esta mañana una lectura para aliviar el tiempo muerto de la espera en un banco, cuando se me ofreció, como si fuera la única posibilidad entre el montón de libros no leídos apilados en la mesa de lecturas urgentes, *Gratitud*, un testimonio de Oliver Sacks, escrito en los dos últimos años de su vida. Son cuatro ensayos brevísimos, algunos de ellos emprendidos después de recibir la noticia de que el melanoma que le fue diagnosticado en un ojo en 2005 le había hecho metástasis en el hígado, con muy mal pronóstico. Mientras lo leía, sentí que él me daba las claves para estas últimas páginas, muchas veces reescritas con incertidumbre. Agradecí la luz de su libro delicado, generoso, bellísimo, y decidí entregarme a él como a un lazarillo e ir haciendo avanzar estas últimas páginas a su sombra.

* * *

Conozco a una escritora de ensayos que jamás cita, como si no le debiera nada a nadie, aunque cualquier lector avezado reconoce en lo que escribe ideas de otros. Yo, en cambio, peco por mucho citar y me prodigo en epígrafes. Si por mí fuera, las páginas de mis libros engordarían infladas por esas palabras ajenas que me causan fascinación y envidia. Dirán que es una manía que me quedó de mi vida académica. Pues no: no cito casi nunca para apoyarme en un referente de autoridad. Lo hago para reconocer a esos que lo pensaron antes que yo, pero sobre todo que lo dijeron mejor que yo. Para agradecerles con humildad, porque dispararon mis propios fantasmas, mis emociones, mi memoria, que es una de las cosas que busco cuando leo. Pero también cito porque pertenezco a los que padecen del mal de Montano. Porque como él soy una letraherida, y como él «soy visitado por ideas de otros, ideas que me llegan de improviso, que me vienen de fuera y se apoderan de mi cerebro...». Lo diré como Hanta en *Una soledad demasiado ruidosa*: «... soy culto a pesar de mí mismo y ya no sé qué ideas son mías, surgidas propiamente de mí, y cuáles he adquirido leyendo». En la práctica, de pronto me detengo en la mitad de una idea y me dirijo a un lugar específico de la biblioteca, buscando la alusión o la cita que ha venido a mi cabeza. Casi siempre sé el lugar exacto del libro que necesito. Y casi siempre las encuentro en ediciones viejas, de páginas subrayadas, llenas de anotaciones en los márgenes. Rayar y anotar es lo que he hecho toda la vida. Es lo que hice hace unos minutos. He ido a buscar a Vila-Matas y he abierto en la página pertinente. La cita de Hrabal, en cambio, la he traído de memoria. Tantas veces he leído ese libro.

* * *

La escritura de Oliver Sacks en *Gratitud* es de una sencillez apabullante. La sencillez que exige la consciencia de estar condenado a una muerte cercana. «Doy gracias por haber vivido muchas cosas —escribe—, algunas maravillosas y otras horribles, y por haber sido capaz de escribir una docena de libros, por haber recibido innumerables cartas de amigos, colegas y lectores, y por haber disfrutado lo que Nathaniel Hawthorne denominó "un diálogo con el mundo"».

Yo podría haber escrito cada una de esas palabras. También yo he vivido cosas horribles. O, tal vez hasta ahora, una sola cosa verdaderamente terrible, pero que se hizo parte de mí, como una inflamación crónica que cada tanto produce dolor. Pero he vivido también, como Sacks —y tal vez como casi todo el mundo—, cosas maravillosas. El amor que he dado y he recibido. La amistad. La dicha de leer y escribir.

* * *

En nuestros primeros años la amistad tiene mucho de capricho. Elegimos como amigos a personas con las que no tenemos afinidad verdadera —el yo todavía es un amasijo grumoso— a las que sólo nos unen hechos puramente circunstanciales, como compartir barrio o colegio. Y sin embargo, algunas de esas amistades a veces duran para siempre, o al menos su cariñoso recuerdo. Las que perseveran a menudo siguen sin tener nada que ver con nuestros intereses, pero las aceptamos como hechos naturales o como presencias a las que nos une una hermandad sin exigencias. No tengamos, en cambio, la mala idea de ir a una reunión de exalumnos, pues no acabaremos de asombrarnos de lo distantes que nos sentimos de casi todos, cuando no de escandalizarnos de ver que muchos son encarnaciones vivientes de lo que más odiamos.

Por otra parte, será siempre inexplicable que con personas con las que nos identificamos, que tienen pasiones y gustos similares a los nuestros, no nos interese entablar una amistad. ¿Qué será lo que percibe nuestra intuición? ¿Qué impide que la llamita persevere? ¿Por qué la desgana, la inercia? Con algunas de ellas podemos estar charlando de manera cómplice en una fiesta o en un viaje de avión y cuando nos despedimos ya tenemos la seguridad de que no nos importa si no las volvemos a ver, aunque nos prometamos un café pronto. Nos pasa, sobre todo, a partir de cierta edad, porque la puerta por la que dejamos entrar a gente desconocida se va achicando con el tiempo. Lo milagroso es lo contrario: que un desconocido llegue a nuestra vida, y permitamos que entre y se instale en ella de una manera totalmente natural, como un hermano al que nunca habíamos visto pero en cuyos rasgos nos reconocemos, con alegría.

También es asombroso constatar que para cada amigo o amiga hay un ritmo diferente, un «tempo» particular que hace que cuando el uno aparece —cada tres días o cada tres meses— el otro pueda afirmar sinceramente «te estaba pensando» o «estaba por llamarte», como si las necesidades mutuas estuvieran determinadas de manera precisa en el calendario por alguna divinidad. O que cuando creemos saberlo todo sobre ellos, suelten un dato del todo insospechado, nos revelen un dolor antiguo, una pérdida, una historia de amor que nunca antes mencionaron, una lectura que los marcó, una animadversión por alguien que jamás habríamos imaginado. Esos pequeños vacíos que se van llenando son inagotables en nuestros amigos y yo diría que profundamente necesarios. Los amigos de verdad saben vernos, definirnos, adjetivarnos. Y lo que diferencia el diálogo con ellos de otros diálogos es que nos da una existencia únicamente superada por la que nos da la mirada del que amamos. En la amistad nada nos asegura, sin embargo, como todo en la vida, que no sucederá lo que creíamos imposible: que lo insidioso —con cualquiera de sus nombres— salte de repente como el payaso de la caja de sorpresas y nos lastime.

* * *

Miro por el espejo retrovisor y veo un reguero de cadáveres. De amigas y amigos que quise y que con el tiempo dejé atrás. A veces fueron ellos los que me dejaron.

A los trece tuve una amiga con la que iba para arriba y para abajo, y que me atraía porque, siendo de mi edad, se comportaba como si fuera mayor. Yo envidiaba sus cejas tupidas, sus pestañas de muñeca, sus minifaldas atrevidas y su novio, un muchacho rubio que tenía muchas hermanas, todas tan rubias como él. Mi amiga se llamaba Leonor, tenía muchos hermanos mayores y una madre muy vieja para su edad, y vivía en una casa de las que llaman estilo inglés, de ladrillo oscuro, con un aire gótico acentuado por su decoración decadente. Allí hacía unas fiestas maravillosas.

Después de que me enviaron al internado no volvimos a vernos. Como pasa a veces, con los años Leonor se fue creciendo en mi imaginación, aureolada por la nostalgia. ¿Dónde estaría? ¿Qué habría sido de su vida? Ya en mis veinte largos la casualidad quiso que alguien la mencionara, y que yo, feliz de recuperarla, le pidiera sus datos. Los tenía. Marqué el teléfono con una dicha enorme. Pensé en cómo darle la sorpresa. En qué palabras decir, en su respuesta emocionada. Anticipé incluso un futuro encuentro.

—Leonor. Soy Piedad.

Un silencio. Repetí mi nombre, ahora seguido de mi apellido, para que no hubiera equívocos. Ah, sí. Hola. Su voz era glacial, diría que incómoda. Insistí torpemente, diciendo algo que ya no recuerdo, pero que trataba de expresar ese cariño que no se había ido nunca. Y ¿saben ustedes el chiste del niño que quiere hablarle a un payaso que a diario pasa frente a su casa y se prepara y siente ansiedad y al fin lo intenta? «¿Usted cómo se llama?», pregunta el niño. El payaso le echa una mirada brusca y contesta: «¡A usted qué le importa!». En las palabras de Leonor, la amiga con la que alguna vez fui para arriba y para abajo, leí algo semejante a la respuesta del payaso. Nada que hacer. El amor resiste que el que ame sea uno solo. La amistad no. La amistad siempre es de dos.

También yo he abandonado, y no sin duelo. Pasó con I. Yo tenía algo más de veinte años y ella casi cuarenta, que en mi cabeza eran como sesenta o setenta, porque I era sabia y parecía tener criterio sobre todo. Y yo no. Yo era una aprendiz con gustos sin consolidar y opinión vacilante sobre montones de cosas. Como habría querido ser como I, la convertí en mi maestra. Tomaba nota mental de los poetas que debía leer, de las películas imperdibles, de los músicos de culto, de las posiciones políticas. Yo era una plantita que crecía firmemente a su sombra. Por fortuna, I no conocía la solemnidad. Tenía un humor con una capacidad tremenda para el disparate, una ironía demoledora y una libertad interior que le permitía vivir con lo mínimo en un apartamento lleno de libros y de música. Qué veía en mí, no sé, pero algo bueno debía ser porque pasábamos horas conversando, y nos unían la risa y la curiosidad. En nuestra amistad, en cambio, la confidencia tenía un lugar menor, pero no parecíamos necesitarla. Yo sabía algo de sus antiguos amores y muy poco más. Pasaron los años. Todo parecía tan sólido que cuando empezó el resquebrajamiento apenas si lo noté. Un desaire, leve, una molestia a la que no se le prestaba atención. Como a veces pasa, la fuerza desestabilizadora vino de afuera. I se dejó arrollar por ella, que había tocado su único flanco débil. Un día me sorprendió verla manoteándome por cualquier insignificancia, y mi intuición me dijo que era mejor abandonar. El que deja, como se sabe, sale fortalecido. Descubrí que podía ser de piedra. Una indiferencia no deseada ni trabajada me sacó a flote sin rencor alguno y sin vestigio de nostalgia. Tendría que decir, para ser justa, que a I le debo mucho. Que me hizo más crítica y más pensante. Pero si me la encuentro ya no siento que tenga nada que decirle.

* * *

Si me preguntaran qué es lo que permite que una amistad dure años, respondería con dos palabras que van juntas, irremediablemente: atracción y tensión. La atracción

240

es una forma del deseo, en el sentido en que lo entiende el psicoanálisis: una pulsión afectiva que nos moviliza hacia el otro. Ese deseo, que es también anhelo, curiosidad, es lo que hace que no abandonemos. Con un amigo la escucha atenta es algo natural, aunque no la sostenga el deslumbramiento sino algo más humilde pero también más estable. Sin embargo en la amistad jamás se pierde la consciencia de que hay un límite que no podemos traspasar, y a eso lo llamo tensión: una relación de fuerzas que nos hace saber hasta dónde pueden ir la confidencia, la broma, la indagación, la crítica. Cada amigo tiene un límite distinto, y eso la intuición lo sabe. Y aunque una especie de laxitud es lo natural, esa consciencia de las rayas rojas resulta tan importante como la atracción. Siempre y cuando no se parezca al miedo, porque la amistad debería ser lo más lejano a la relación entre el amo y el esclavo. Entre el jefe y su subordinado. A veces la tensión nos lleva a distanciarnos de algún amigo entrañable, bien porque necesitamos aire o descanso, o porque hemos olido un peligro. Nos distanciamos para salvar la relación o para salvarnos. A veces, también, casi sin percibirlo, esa pausa es el camino suave que el instinto ha encontrado hacia la disolución.

A la hora de agradecer, pondría la amistad en un lugar de privilegio. Tengo un puñado de amigas entrañables. Todas ellas —y mis pocos amigos— tienen humor, inteligencia, imaginación, rechazo por el lugar común y sentido de la lealtad. Sus defectos son todos perdonables. Las quiero con ellos, aunque a veces me incomoden, y estoy casi segura de que me perdonan los míos.

* * *

Agradezco la amistad, pero también que a mi alrededor pululen los raros, infinitamente más humanos que los que llamamos *normales*, una palabra que en casi todos los casos sólo apunta a la simpleza. Como insectos a la llama

se me acercan los tímidos hasta la enfermedad, los fanta-
siosos sin sentido de la realidad, los solitarios irredentos,
los talentosos con miedos compulsivos o fracasos en serie, los dulces pero frágiles, los hijos de familias disfun-
cionales, los que tienen algún TOC. No sé qué hay en mi
carácter que los atrae. Tal vez la horrible propensión que
tengo a convertirme en madre. O mi fascinación por la
rareza. Vienen con historias inverosímiles, muchas veces
hilarantes, algunas con un fondo patético o definitivamente trágico. A mí me seducen, me atraen, despiertan mi
cariño, siempre y cuando no se victimicen y sepan mirar
su rareza con humor. Son una maravillosa materia litera-
ria, que yo deliberadamente no aprovecho, tal vez porque
yo misma, así no lo parezca, pertenezco a su categoría.

Envejecer

Una amiga sostiene que mientras uno no sea huérfa-
no, goza de juventud. Es una *boutade*, por supuesto, pero
me gusta creer que es así. Tal vez el hecho de que mis padres tengan unas edades tan avanzadas es lo que hace que
yo no me sienta vieja. Eso no quiere decir que no esté
perdiendo oído y memoria, y ganando kilos y arrugas, y
que no tenga lo que solemos tener las personas ya mayores: una consciencia absoluta del tiempo. De una manera
un tanto vaga el cuerpo nos dice cuándo estamos ya caminando en territorio minado. Entonces los días adquieren
otro cariz. Y también otro ritmo. Tal vez a eso se deba que
ahora quiera leerlo todo. No leo uno, sino dos, tres y hasta
cuatro libros a la vez. Algunos los dejo por la mitad, sin
remordimientos. Subrayo, porque desde hace mucho leo
para alimentar mi escritura, y, como los adolescentes, co-
pio las frases más reveladoras en mis libretas. No leo para
escapar, como suele decirse, ni mucho menos para ilus-
trarme, sino para encontrarme (o desencontrarme). Leo
para tener más años de los que tengo. Todos los años del

mundo. Pero si me detengo a pensarlo, detrás de esa avidez lo que hay es una enorme consciencia de la muerte. La lectura —de libros, de artículos, de revistas— es lo que me permite ese «diálogo con el mundo» al que alude Sacks. El que hace que la mente se amplíe mientras lo físico se va estrechando.

* * *

En nuestra imaginación nuestra imagen mental es dinámica. De acuerdo a nuestro estado de ánimo, nos percibimos de mejor o peor manera. Si queremos objetividad, debemos acudir al espejo y a la fotografía.

El primer espejo es siempre la mirada de nuestra madre. Conocí a una mujer, por cierto horriblemente fea y además meliflua, que había adoptado a una hija, y cuando la llevaba a jugar con las mías pedía siempre disculpas porque su niña era, según ella, feúcha, rechoncha y deslucida. No sé en qué habrá convertido esa madre a aquella pobre víctima. Yo también, como escribí en *El prestigio de la belleza*, a los siete u ocho años empecé a tener la impresión de que mi mamá hacía muchas cosas para mejorarme, y eso es algo que un niño puede notar fácilmente. Comprendí que no le parecía bonita. Sin embargo, un día, a mis quince años, vi con sorpresa que el espejo estaba contradiciendo a mi madre. Contradecir a una madre no es fácil, incluso puede producir culpa. Pero así y todo reconocí, no sin placer, que en mí había cierta belleza. Muchos años después, como maestra, descubrí de qué belleza se trataba: la de toda juventud. Que es lozanía, pelo brillante, músculos apretados.

En el otro espejo, en el real, nunca nos vemos como una totalidad. Nuestra imagen es siempre fragmentaria. La vemos aparecer a través de las varias capas del tiempo: la de la juventud, que se asoma en nuestro deseo; la remota, la de la adolescencia, que llega desdibujada; la de ayer, en la que lucíamos radiantes antes de esa fiesta; la de hoy, en la que emergemos repentinamente envejecidos. Somos todas ellas, y no somos ninguna. Somos inaprehensibles. Somos rectificables, como cuando queremos que la palabra dé cuenta de nosotros. No hay relato que diga quiénes somos.

Con la fotografía tenemos una experiencia que, creo, es generalizada. Nos muestran una foto reciente y no nos gustamos. De un solo golpe nos vemos todos nuestros defectos. Reaccionamos con humor, con expresiones desmesuradas o, en el peor de los casos, con un silencio atroz. No queremos mostrar nuestra decepción. Seis o siete años después nos topamos con esa misma foto, y constatamos, asombrados, que en ella nos vemos jóvenes e incluso bellos. O interesantes. O graciosos. Ese pasado de pronto ensombrece nuestro presente. Nos culpamos de no habernos sabido ver. Pero cuando tengamos diez años más quizá nos suceda lo mismo. Nuestra mirada no es benévola casi nunca.

Pero, más que el espejo o la fotografía, es la cara de nuestros contemporáneos la que nos recuerda nuestra propia vejez. Algunos rostros, a pesar de los desastres del tiempo, conservan su frescura, su gracia, su vitalidad. Otros, la mayoría, se deforman y se afean. Despentes, con crueldad fustigante, describe así la decadencia de algunos de sus amigos: «Los rasgos que adorabas se han vuelto caricatura, la insolencia ha mutado en resentimiento, el humor huele a pis de incontinente, el encanto se ha podrido». Y sin embargo, aun en la fealdad de la vejez de algunas gentes puede habitar algo que nos conmueve o nos admira: es el carácter. Lo vemos en el rostro de pájaro de la ya octogenaria Isak Dinesen, con los ojos hundidos en las cuencas y la piel pegada a los huesos; o en el del atormentado Jean Améry, marcado por el gesto amargo del hombre herido para siempre por la sensación de injusticia; o en la cara de fruta macerada de la misma Ursula K.

Le Guin, donde destacan los ojos sabios y maliciosos. Por eso será que dicen que todo el mundo tiene el rostro que se merece.

Desnudarse

Cuenta Vivian Gornick en *La situación y la historia: El arte de la narrativa personal,* que en la década del setenta muchos escritores sintieron la pulsión de escribir no ficción. «Lo personal se había vuelto político y los titulares, metáfora». En esa misma década, en cambio, en el entorno universitario en el que yo me movía, fuertemente influido por el marxismo —o por lo que la izquierda académica interpretaba como marxismo—, escribir sobre uno mismo era algo mal visto, un ejercicio de narcisismo considerado banal y vergonzoso. Peor aún si la intimidad resultaba expuesta, porque la desnudez emocional del otro intimidaba tanto como la desnudez física. (Y ahora que escribo estas palabras veo cómo *intimidad* e *intimidar* parecen ser dos términos hermanos, aunque vienen de raíces latinas completamente distintas). Hoy los escritores, y sobre todo las escritoras, hemos recuperado el derecho a hablar desde el yo, aunque todavía se nos censura. No somos los primeros en hacerlo, ni mucho menos. A su manera, atenuada, ya lo hicieron hace mucho Montaigne, san Agustín, Rousseau, Hume y otros. Pero en la época de las redes y de la *selfie*, que intentan hacernos creer que la superficie es el fondo, los escritores hemos sentido la necesidad de apelar a otro yo, uno más hondo y conflictivo, para acercarnos a través de él a realidades que son de todos.

* * *

Nuestra cultura le teme a la desnudez. Su condena viene desde la Biblia. En ella se la odia y se la teme, porque se la asocia con el tabú: con el deseo de la mujer del prójimo, el incesto, la posibilidad de la violación. «No descubrirás la desnudez de tu padre ni la desnudez de tu madre. Se trata de tu madre, así que no descubrirás su desnudez», dice en Levítico. También el poder patriarcal teme —y desea secretamente— la desnudez, porque desafía su necesidad de control de la mujer. Y muchos tememos a nuestra propia desnudez porque desnudos quedamos expuestos, frágiles, vulnerables. En los campos de concentración la desnudez fue el instrumento que los nazis encontraron para humillar y degradar: desnudas, las víctimas se asimilaban a animales. Me entero de que hay una palabra para el terror a desnudarse. Es una palabra absurda, como ese mismo miedo, impronunciable: *deshabiliofobia*. Los que la padecen no soportan desnudarse ante el médico, ni en una playa, y tal vez ni siquiera ante ellos mismos.

Un pudor como aquel en que me criaron nunca se deja del todo. Frente a la mirada del otro el cuerpo opone cierta resistencia. No es por aquello que llamamos recato, ni porque yo crea que debemos taparnos por decencia, sino que pienso, como Lear, que el hombre desnudo «no es más que un pobre animal» a merced de la necesidad. La desnudez que verdaderamente temo, sin embargo, es la que tiene ya la marca de la muerte —el pene putrefacto, verdoso y enmohecido, emergiendo de la bragueta abierta del mendigo que vi una vez tirado en la calle— o la que revela zafiedad. En *La insoportable levedad del ser* la madre de Teresa anda desnuda por la casa, y también el padrastro. «En su hogar no existía la vergüenza», dice el narrador. Y nos muestra a la madre diciéndoles a sus amigas: «Teresa no quiere hacerse a la idea de que el cuerpo humano mea y echa pedos». Todas se ríen cuando, para afirmarlo, ella misma deja escapar una ruidosa ventosidad.

Por contraposición valoro la desnudez temblorosa, encendida, de la entrega —en el amor, en el sexo, en la escritura—, en la que siempre hay un resquicio para el pudor, para el silencio, para lo que no se muestra. «¿No es el acto amoroso la eterna repetición de lo mismo?», se pregunta el narrador de Kundera. Y él mismo se contesta: «No. Siempre queda un pequeño porcentaje inimaginable».

* * *

Siempre he sido un poco imprudente. En la adultez, como una manera de provocar; pero de niña y de adolescente, con una inocencia que hacía que expresara en público ciertas verdades incómodas. Todavía oigo a mi madre reprochándome que en las reuniones familiares yo «decía muchas bobadas». Y todavía recuerdo, con rabia, las nalgadas que me dio mi padre a los seis años, por haber dicho en la calle, y en voz alta, lo que había oído decir en la mesa. «Eso no se dice», predicaban las monjas. Ahora algunos me dicen que mi escritura es valiente. No lo sé. A ellos podría responderles con las palabras de Rebecca, uno de los personajes de *Querido comemierda*: «Lo que yo vendo es mi valor para ser sincera». Pero la palabra *sinceridad* es engañosa. Es cierto que en libros como este o como en *Lo que no tiene nombre*, los autores de textos autobiográficos prometemos hacer un pacto con la verdad. Pero no hay tal verdad, al menos de modo objetivo. Sólo un intento de honestidad —una palabra que algunos piensan que no se aplica al oficio creativo—. La recompensa es que esa honestidad se convierte en un camino de descubrimiento. Muchas veces, en los meses que me ha llevado escribir este libro, he tenido que borrar alguna frase que, una vez consignada, me ha pedido rectificación. Porque, inevitablemente, a lo largo de nuestra vida vamos tejiendo pequeños mitos o fantasías sobre nosotros mismos o sobre los episodios que hemos vivido, que terminamos por adoptar como verdades, sin serlo.

En uno de los libros que estoy leyendo encuentro esta sugestiva frase de Tukaram, poeta indio del siglo XVII: «He sufrido males espantosos. Ignoro lo que me reserva todavía mi pasado». Nunca, hasta el momento en que empecé a hilvanarme en este relato, me imaginé lo que mi pasado me reservaba. La que me ha pedido aparecer en estas páginas es sobre todo la mujer incierta, una que sigue existiendo dentro de mí, debajo de todas mis capas, como esas muñecas pequeñitas que anidan en el último vientre de las matrioshkas, y que no son menos importantes ni verdaderas que las que las albergan. Pero hay otras, algunas de las cuales no aparecen aquí o no aparecerán jamás.

Hace poco tuve que buscar unas cartas de escritores amigos, que conservo en cajas como si fueran tesoros, porque muchos de ellos ya están muertos. Y en una de esas cajas aparecieron otras cartas, más personales, más íntimas, que tenía totalmente olvidadas. Las escribí a los veinticinco, a los treinta y cinco. A mi madre, a mi abuela, a mi hermana, a mis amigas. A través de ellas el pasado, en efecto, me tenía reservada una sorpresa: por un lado, desconocí mi letra, inclinada y pareja, de eles larguísimas, la letra de alguien manso, transparente, la de una estudiante aplicada, muy distinta de la de la persona más resuelta y más firme y más compleja en la que me fui transformando. Por otro, encontré la evidencia de mi vocación narrativa, del gusto por el detalle, del deseo de disección de los hechos que anunciaba ya que novelar era uno de mis destinos posibles. Y, finalmente, pude ver cómo los afectos amplios, claros, que expresaba a mis destinatarios, en muchos casos se estrecharon o languidecieron porque la vida fue haciendo sus daños.

En esas cartas me veo de una manera que jamás me habría revelado la memoria involuntaria, que es caos puro, un universo de partículas flotantes que por sí solas no significan nada, y que sólo empiezan a hablarnos cuando las cazamos y las juntamos convirtiéndolas en relato. Porque narrar el pasado significa crear un orden, construir un sentido, tratar de fijarlo a sabiendas de que él será siempre como uno de esos sueños que tratamos inútilmente de contarle a otro: algo volátil, a punto de escaparse. Esas cartas me revelaron que hay una en mí que no es ni la frágil que aquí ha aflorado, ni la fuerte que la disfraza, sino una que nunca veré, porque los agujeros negros de la memoria se chupan muchos fragmentos de vida que también nos constituyen pero que no logramos integrar a nuestro todo, horadado por el tiempo como un queso gruyere. Pero también es cierto que no hay literatura sin silencios voluntarios, pues, como nos recuerda la escritora y traductora Nuria Barrios: «Cada pueblo calla unas cosas para poder decir otras».

Todo texto autobiográfico, pues, encierra un fracaso. En él sólo logramos algunas versiones de lo que somos, y no podemos jurar, infortunadamente, hasta qué punto son ciertas. Es precisamente Le Guin la que escribe estas palabras: «Justo cuando por fin estaban inventando a las mujeres, empecé a envejecer. Y seguí haciéndolo. Descaradamente. Me he permitido envejecer y no he tomado medidas al respecto, con una escopeta ni nada». Yo, como ella, me he permitido envejecer, y no he tomado medidas al respecto. Tengo manchas en mis manos, arrugas intempestivas, más grasa de la recomendada. Muchas veces me he sentido como si no estuviera inventada. Como si me tocara inventarme. E inventarme es lo que creo que he hecho en estas páginas, «justamente cuando por fin están inventando a las mujeres».

* * *

Oliver Sacks escribe: «Lamento haber desperdiciado mucho tiempo (todavía lo hago); lamento ser tan terriblemente tímido a los ochenta como lo era a los veinte; lamento no hablar otro idioma que mi lengua materna, y no haber viajado ni conocido tantas culturas». George Steiner también se lamenta en *Errata: El examen de una vida* de no haber seguido dibujando para ilustrar sus propios libros; de no haber aprendido hebreo; de no haber aceptado la invitación de un patólogo de Cambridge para probar LSD bajo supervisión; de no haber pedido prestado dinero para comprar un cuadro que le fascinó. Me resisto a hacer una enumeración —de esas achacadas a autores apócrifos que circulan por ahí— de lo que haría si volviera a vivir. Sin embargo, puedo decir, como Sacks, como Steiner, que también yo me lamento de muchas cosas: de que el orgullo o la desidia me hayan impedido tener conversaciones que hubieran podido reparar daños. De no haber enfrentado de una manera más feroz, más radical, la obediencia y el acatamiento de la autoridad en que me criaron; de no haber dibujado más, cocinado más, caminado más; de no haber indagado más a mis padres sobre su vida y de no haberle dicho más claramente a Daniel que lo quería. Al contrario de Sacks, me habría gustado perder más el tiempo, preparar menos clases, oír más música y bailar más a menudo.

En retrospectiva es fácil hacer esos balances y creo que son pocos los que pueden decir que han sido absolutamente fieles a ellos mismos. Pero como Sacks, me pregunto: «¿Y si esta circunstancia y la otra y la otra hubieran sido distintas, qué clase de persona habría sido yo? ¿Qué clase de vida habría llevado?». Somos azar. Somos causas y efectos. Voluntad, pero también destino. Como dice en alguna parte Milan Kundera, estamos condenados a escribir nuestra vida en borrador sin posibilidad de pasarla jamás a limpio. Y así, entre la consciencia y la inconsciencia, vamos tejiendo torpemente —y pinchándonos cada tanto las yemas de los dedos— la única vida que tenemos.

«Para viajar lejos no hay mejor nave que un libro.»
EMILY DICKINSON

Gracias por tu lectura de este libro.

En **Penguinlibros.club** encontrarás las mejores
recomendaciones de lectura.

Únete a nuestra comunidad y viaja con nosotros.

Penguinlibros.club